Holger Wyrwa

Die Schlaraffenlandkinder

Für Timo und Julia Koch

HOLGER WYRWA

Die Schlaraffenlandkinder

BELTZ QUADRIGA

Der Autor:

Dr. Holger Wyrwa, Jahrgang 1959, hat Erziehungswissenschaften studiert und arbeitet als Verhaltenstherapeut (DGVT) und Supervisor (DGSv) in einer psychologischen Praxis. Zahlreiche wissenschaftliche Veröffentlichungen.

Lektorat: Claus Koch
Herstellung: Jutta Benedum
Umschlaggestaltung: Federico Luci, Mailand
Umschlagphoto: Olaf Ollnek, Hamburg
Satz: Satz- und Reprotechnik, Hemsbach
Druck und Bindung: Druckhaus Beltz, Hemsbach
Printed in Germany
ISBN 3-88679-311-7

INHALT

Wenn wir unseren Kindern die Möglichkeit geben, alle Türen zu öffnen und ihnen nicht die Erfahrung vermitteln, auch vergeblich gegen geschlossene Türen anzurennen, werden sie es sich in jedem Zimmer bequem machen und es verwüstet hinterlassen.

EINLEITUNG

Der Mißbrauch der Mütter

Dieses Buch handelt vom psychischen Mißbrauch, den Kinder an ihren Eltern, vor allem jedoch an ihren Müttern begehen. Dies darf nicht länger verschwiegen werden. Denn viele Mütter sind heutzutage nur noch die Sklavinnen ihrer Kinder.

Es hat Zeiten gegeben – und es gibt sie noch –, in denen sich Kinder ihren Eltern radikal unterordnen mußten. Nun leben wir in einer Zeit, in der sich die Eltern – vorwiegend die Mütter – zunehmend ihren Kindern radikal unterordnen. Das eine wie das andere ist falsch. Das eine wie das andere ist blanker Terrorismus, bei dem der Schwächere auf der Strecke bleibt. In unseren modernen Gesellschaften handelt es sich meistens nicht mehr um das Kind, sondern um die Mutter.

Aufgrund eines überzogenen Liebesideals und unrealistischer Erziehungsvorstellungen läßt sich in unserer Zeit eine Vielzahl von Müttern von ihren Kindern demütigen, erniedrigen, beleidigen, ausnutzen und ist abhängig von ihren Launen. Sie werden weder von ihnen respektiert noch geachtet, geschweige denn wirklich geliebt. Rücksichtslos setzen Kinder ihre Interessen gegenüber ihren Müttern durch. Obwohl die Mütter die endlosen Forderungen und Quengeleien, den Terror und die Tyrannei ihrer Kinder kaum noch ertragen können, wehren sie sich nicht dagegen. Sie haben Angst, ihren Kindern seelischen Schaden zuzufügen oder sie seelisch zu überfordern, wenn sie diese in ihre Schranken verweisen. Deshalb opfern sie sich weiterhin für ihre Kinder auf, in der Überzeugung, immer für sie dasein und buchstäblich alles für sie tun zu müssen. Sie lassen sich Dinge gefallen wie von keinem anderen Menschen sonst. In der Meinung, daß eine gute Mutter für die Entwicklung ihrer Kinder ihre eigenen Bedürfnisse reduzieren oder sogar ganz aufgeben muß, sind sie letztlich nichts anderes als Spielbälle und Marionetten ihrer Kinder.

Solche Kinder interessieren sich für ihre Mütter nicht wirklich. Deren Sorgen, Probleme und Wünsche sind ihnen weitestgehend gleichgültig. Solange die Mütter ihre Bedürfnisse erfüllen und tun, was sie wollen, bringen sie ihnen eine gewisse Zuneigung entgegen. Was sich jedoch sofort ändert, sobald ihre Mütter versuchen, sich ihnen zu widersetzen. Dann ist ihnen jedes Mittel recht, um ihre Interessen rücksichtslos durchzusetzen. Penetrantes Schreien, Toben, Beleidigungen, demonstratives Schweigen über einen längeren Zeitraum, vorübergehend »das liebe Kind« spielen, der Mutter ein schlechtes Gewissen machen, sind nur einige Möglichkeiten aus dem vielfältigen Repertoire, das Kindern zur Verfügung steht. Sie setzen es bewußt ein, um ihre Mütter wieder gefügig zu machen. Dies ist der Mißbrauch, den Kinder an ihren Müttern begehen. Sie wissen genau, was sie tun und wie sie es tun müssen, um ihre Ziele zu erreichen. Kinder sind bei weitem nicht die unschuldigen, wehrlosen und hilflosen Geschöpfe, als die sie oft hingestellt werden.

Die Fähigkeit, Rücksicht auf die Mutter zu nehmen, sie zu respektieren, sie zu achten, kennen diese Kinder nicht wirklich. Sie können nur passiv lieben, indem sie sich von ihren Müttern lieben lassen. Zu aktiver und echter Liebe, zu der auch Rücksichtnahme, Verzicht und Achtung für die Interessen anderer gehört, sind sie, wenn überhaupt, nur begrenzt fähig.

Die Rede ist von den Schlaraffenlandkindern, von Kindern, denen in ihren Familien (fast) alles erlaubt ist, die sich von ihren Müttern bedienen und rund um die Uhr hofieren lassen. Ihr Verhalten ist von Maßlosigkeit, Ichbezogenheit, Rücksichtslosigkeit gekennzeichnet. Sie halten sich für die eigentlichen Familienoberhäupter. In den meisten Fällen sind sie es auch.

Als Jugendliche und Erwachsene sind sie kaum wirklich beziehungsfähig. Wie in ihrer Kindheit sind sie auch in späteren Jahren weiterhin auf sich selbst fixiert und nur oberflächlich sozial eingestellt. Was sie zurücklassen, sind ausgebrannte und psychisch schwer angeschlagene Mütter. In partnerschaftlichen Beziehungen versagen sie häufig, weil sie nie gelernt haben, die Bedürfnisse anderer zu berücksichtigen. Den Anforderungen, welche die Gesellschaft und andere Menschen an sie herantragen, sind sie nur ungenügend gewachsen. Daran gewöhnt, daß ihre Schwierigkeiten von anderen (der Mutter) aus dem Weg geräumt und sie als der Mittelpunkt der Welt behandelt werden, scheitern sie oft an ihren unrealistischen Lebenserwartungen. Sie laufen leichter als andere Gefahr, süchtig zu werden und sich Sekten zuzuwenden, die ihnen Sicherheit und Geborgenheit versprechen. Als Erwachsene sind sie oft hilflos ihren Launen ausgeliefert und können sich nicht selbst disziplinieren. Da sie als Kind (fast) alles bekommen haben, was sie sich wünschten, sind sie oft maßlos und vorwiegend konsumorientiert. Sie wollen alles haben und nichts dafür tun. Sie wollen Spaß haben und keine Verpflichtung. Sie sehen nicht ein, daß sie sich für ein Ziel einsetzen und persönliche Opfer bringen müssen, um es zu erreichen. Was Spaß macht, ist »in«, was Anforderungen setzt, ist »out«.

Das vorliegende Buch soll Eltern, insbesondere Müttern, zu der Erkenntnis verhelfen, ob sich ihr Kind zu einem Schlaraffenlandkind entwickelt oder bereits eines ist. Es versteht sich in dieser Hinsicht als Anleitung zu einem angemessenen Umgang mit dem Kind, bei dem sowohl die Interessen der Kinder, aber auch die der Mutter gewahrt und berücksichtigt werden. Daneben leistet das Buch aber auch eine Kulturkritik, indem es den Mythos vom »unschuldigen« Kind entzaubert und auf Gefahren hinweist, die mit diesem Mythos verbunden sind.

Der erste Teil des Buches beschreibt die Schlaraffenlandkinder, ihre Entwicklung und die seelischen Auswirkungen einer Schlaraffenland-Erziehung auf die Kinder und die Mütter.

Im zweiten Teil werden anhand konkreter Alltagsbeispiele typische Vorstellungen von Erziehung (Erziehungsmythen) behandelt. Auf den ersten Blick erscheinen sie als sinnvolle Erziehungseinstellungen. Doch auf den zweiten Blick wird deutlich werden, daß diese von Müttern verinnerlichten Vorstellungen vom Kinde dazu führen, daß sich ihre Kinder zu Schlaraffenlandkindern entwickeln oder es bleiben. In diesem zweiten Teil werden deshalb auch praktische Lösungsstrategien aufgezeigt, wie die Gefahren, die aus der Verinnerlichung dieser Erziehungsmythen erwachsen, erkannt und konstruktiv bewältigt werden können.

Im dritten Teil wird dann auf die verborgenen Fähigkeiten von Kindern eingegangen, die sie dazu befähigen, sich sozial und aktiv liebend in den Familienverband einzufügen. Mütter können hierbei ihre natürliche Macht im Erziehungsprozeß positiv dafür einsetzen, die Entwicklung einer Schlaraffenland-Mentalität bei ihren Kindern zu verhindern bzw. abzubauen.

Das Buch schließt mit den gesellschaftlichen Folgen, sollte sich eine Schlaraffenland-Mentalität bei unseren Kindern immer weiter ausbreiten.

Ziel des Buches ist, daß Mütter ein anderes Bewußtsein vom Kind und einen anderen Umgang mit dem Kind entwickeln. Kinder sind großartige Geschöpfe. Sie sind zu respektierende Geschöpfe. Sie sind liebenswerte Geschöpfe. Aber Kinder brauchen Menschen, die ihnen Wege weisen und ihnen gewisse Wege versperren. Ist ihnen alles erlaubt, verspielen sie die Möglichkeit, eine wichtige – vielleicht die wichtigste – Erfahrung des Lebens zu machen: daß ein Miteinanderleben von Menschen nur dann möglich und sinnvoll ist, wenn es von gegenseitigem Respekt, von der Fähigkeit des eigenen Verzichts und von der Rücksichtnahme gegenüber anderen Menschen geprägt ist.

Nur wenn es Müttern gelingt, ihren Kindern – in aller Liebe und gebotenen Strenge – ein derartiges Verständnis von aktiver Liebe nahezubringen, wird es möglich sein, sie zu aufgeschlossenen und sozial eingestellten Menschen zu erziehen, die unsere Gesellschaft so dringend benötigt.

Kinder können schon frühzeitig die Einsicht ausbilden, daß – neben den wichtigen Erfahrungen von Liebe, Geborgenheit, Unbeschwertheit und Verspieltheit – Verzicht, Rücksichtnahme, Verantwortung und Eigendisziplin im Zusammenleben mit Menschen notwendig sind. Nur in Verbund mit diesen Erfahrungen und Einsichten kann ein Kind eine realistische und angemessene Einschätzung von sich selbst, von anderen Menschen und von der Welt »da draußen« gewinnen. **Mütter sind die wichtigsten Personen im Leben eines Kindes. An ihnen machen sie die ersten Erfahrungen im Umgang mit anderen Menschen. Lernen Kinder nicht von ihren Müttern, daß sie ihnen Respekt und Rücksichtnahme entgegenzubringen haben, dann lernen sie es nie.**

Es wird den Lesern aufgefallen sein, daß bisher nur von den Müttern gesprochen wurde. Was ist mit den Vätern?

Es gibt Väter, die sich nicht oder nur unwesentlich in die Erziehung ihrer Kinder einmischen. Sie überlassen in der Regel das Feld der Mutter. Von ihnen soll hier nicht weiter die Rede sein.

Aber es gibt auch Väter, die sich aktiv an der Erziehung ihrer Kinder beteiligen. Sie haben jedoch häufig ein anderes Erziehungsverständnis als ihre Frauen. Auch sie lieben ihre Kinder, und ihre Liebe ist nicht weniger bedingungslos als die der Mütter. Aber sie können sich oft besser distanzieren, wenn ihre Kinder sie mit Forderungen überhäufen oder sie ausnutzen wollen. **Ansonsten gilt für die Väter das gleiche wie für die Mütter, sobald sie die Entwicklung einer Schlaraffenland-Mentalität bei ihren Kindern aktiv unterstützen.**

Doch trotz aller mehr oder weniger realisierten Gleichberechtigung zwischen Mann und Frau, ist es in den allermeisten Fällen doch die Frau, welche die Hauptlast der Erziehung und die Verantwortung dafür trägt. Nach wie vor ist sie die wichtigste Bezugsperson eines Kindes und die einflußreichste. Aus diesem Grund wendet sich dieses Buch vorwiegend, wenn auch nicht ausschließlich, an die Mütter.

Die übertriebene Fürsorglichkeit, die Verwöhnung und Vergötterung, die Kindern in unserer modernen Gesellschaft widerfährt, existiert parallel zu solchen Zuständen, die man unter die Begriffe wie Vernachlässigung, Mißbrauch oder Menschenunwürdigkeit zusammenfassen kann.

Es gibt auch in unserer Gesellschaft zunehmend Kinder, die unter extrem negativen Lebensbedingungen leben, die ihre seelische und körperliche Entwicklung behindern und ihr weiteres Leben stark belasten und gefährden. Mit ihnen beschäftigt sich dieses Buch nicht, obwohl nicht oft genug darauf aufmerksam gemacht werden kann, daß Kinder aus unteren Schichten der Bevölkerung in unserer Wohlstandsgesellschaft leiden müssen.

Dieses Buch hingegen konzentriert sich auf eine andere Form des Mißstandes im Erziehungsalltag, die nicht weniger schwerwiegende Gefahren und Folgen für die Entwicklung eines Kindes bedeutet. Denn ein Zuviel an Zuwendung und falsch verstandener Liebe ist genauso schädlich wie ein Zuwenig an Zuwendung und echter Liebe.

Eltern, die dieses Buch lesen, werden einen Großteil ihrer Illusionen vom Kind verlieren und weitestgehend Abschied nehmen von den Begriffen des wehrlosen, hilflosen, abhängigen und seelisch zerbrechlichen Kindes. Aber nur wenn das geschieht, können die eigenen Kinder mit realistischen Augen betrachtet werden. Und nur wenn das geschieht, können sich überhaupt erst tragfähige und offene Beziehungen zum Kind entwickeln, bei denen niemand zu kurz kommt. Weder das Kind noch die Eltern.

ERSTER TEIL

Die Entzauberung des Schlaraffenlandes

Das Schlaraffenlandkind

Der zehnjährige Mathias* sitzt gerne und oft zu Hause vor dem Fernseher. Irgendwann ruft er laut in den Raum: »Durst!« Die Mutter beendet augenblicklich ihre jeweilige Tätigkeit und fragt ihren Sohn, was er möchte. Mathias gibt dann seine Bestellung auf, und seine Mutter holt ihm das gewünschte Getränk. Mathias trinkt es, ohne sich zu bedanken. Die Mutter nimmt ihre unterbrochene Tätigkeit wieder auf. Der Vater, der es schon lange aufgegeben hat, gegen ein solches Verhalten seines Sohnes zu protestieren, wartet eines Tages ab, bis die Mutter Mathias sein Getränk gebracht hat, und schreit laut in den Raum: »Hunger!« Postwendend schallt es aus der Küche zurück: »Geh in die Küche und mach dir selbst etwas zu essen. Ich bin schließlich nicht deine Sklavin!«

Der zwölfjährige Sven räumt sein Zimmer prinzipiell nicht auf. Für die Mutter ist selbstverständlich, daß dies ihre Aufgabe ist. Jeden Tag räumt sie Svens Zimmer auf. Sven muß auch sein Bett nicht machen. Auch dies erledigt die Mutter für ihn. Seine Kleidungsstücke, die er im Bad auszieht, läßt er auf den Boden fallen und dort liegen. Die Mutter räumt ständig seine Sachen weg. Gefragt, warum sie ihren Sohn das nicht alles selbst erledigen lasse, antwortet sie: »Dafür ist Sveni noch zu klein! Das kann ich ihm nicht zumuten!«

Der achtjährige Benjamin muß seine Hausaufgaben machen. Wenn er sie nicht sofort bewältigt, schreit er, flucht, wirft sich

* Sämtliche (Vor-)Namen in diesem Buch sind frei erfunden.

auf den Boden und weint schließlich. Die Mutter, die das alles nicht mehr hören kann, erledigt schließlich die Hausaufgaben für ihn. Benjamin ist glücklich. Für ihn ist Mami die liebste Mami von der Welt. Immer, wenn sie seine Hausaufgaben macht, gibt er ihr einen dicken Kuß. Die Mutter ist gerührt von der Liebesbekundung ihres Sohnes, die sich manchmal keine zehn Minuten später in wildes Beschimpfen verwandelt, wenn irgend etwas nicht da ist, was Benjamin haben will. Als sie ihm einmal keinen Kuchen backen kann, weil sie kein Mehl hat, beschimpft er seine Mutter als blöde Kuh. Dann seufzt die Mutter nur. Manchmal weint sie auch. Aber spätestens fünf Minuten später fragt sie ihn, ob er nicht etwas möchte.

Der vierjährige Carsten hat aus Legosteinen eine Kanone gebaut. Die zeigt er stolz seinen Eltern und deren Gästen. Etwa eine Stunde später spielt der Vater gedankenverloren mit der Kanone. Er baut sie um. Sobald sein Sohn es bemerkt hat, fängt er laut an zu weinen. Er beschuldigt seinen Vater, seine Kanone kaputtgemacht zu haben. Der Vater verteidigt sich verzweifelt. Sein Sohn hört nicht auf zu weinen. Er ist völlig am Boden zerstört. Die Gäste sind irritiert. Die Mutter kommt hinzu und macht dem Vater Vorwürfe, die Kanone des Sohnes zerstört zu haben. Carsten schreit wie am Spieß. Mit vereinten Kräften kann der Junge nach etwa zehn Minuten wieder beruhigt werden. Später wirft der Vater seiner Frau vor, warum sie ihm nicht gesagt hat, daß die Kanone von Carsten nicht angerührt werden darf. Es entwickelt sich ein Streit. Carsten hat inzwischen eine andere Beschäftigung gefunden.

Der zehnjährige Joshua kommt mit schlechter Laune von der Schule nach Hause zurück. Er grüßt niemanden. Er meckert an allem herum. Während ihn der Vater leise ein kleines

Arschloch schimpft, ist die Mutter sichtlich darum bemüht, die Laune ihres Sohnes zu heben. Verzweifelt versucht sie, gute Stimmung zu verbreiten. Joshua straft seine Mutter mit Mißachtung. Er mäkelt am Essen herum. Für die Knochen seines Hähnchens fehlt auf dem Tisch ein separater Teller. Mit vorwurfsvoller Stimme macht er darauf aufmerksam, daß ein Teller fehlt. Ein paar Sekunden passiert überhaupt nichts. Dann steht die Mutter auf und holt einen Teller. Joshua grunzt nur: »Endlich!« Vorwurfsvoll sieht die Mutter ihren Mann an und sagt zu ihm: »Du hättest den Teller ja auch holen können!«

Der achtjährige Tom übernachtet ab und zu bei seinem Vater oder bei einem Freund. Wenn es ihm zu langweilig wird, ruft er die Mutter an und verlangt, daß sie ihn abholt. Die Mutter läßt dann alles stehen und liegen und holt ihn ab. Mitten in der Nacht ruft Tom seine Mutter aus der Wohnung seines Freundes an und will abgeholt werden. Er kann nicht schlafen und langweilt sich. Die Mutter weigert sich. Tom droht ihr, zu Fuß nach Hause zu kommen. Die Mutter gibt nach. Sie ist wütend und aufgebracht. Doch als sie zu Hause sind, schließt sie ihn die Arme, weil Tom noch kuscheln möchte. Die Mutter kuschelt mit ihm. Gegen 1.00 Uhr morgens ist sie der Meinung, daß Tom jetzt endlich ins Bett gehen soll. Tom, nun auch müde geworden, ist einverstanden.

Die Mutter der vierjährigen Beatrice hat keine freie Minute für sich. Immer ist sie für ihre Tochter da. Wenn ihre Tochter mir ihr spielen und reden will, unterbricht sie prinzipiell jede ihrer Tätigkeiten, um sich ganz dem Kind zu widmen. Mit Unverständnis reagiert sie, als ihr zugemutet werden soll, ihr Kind doch einfach ins Kinderzimmer zu schicken, wenn sie sich nachmittags für ein paar Minuten ausruhen möchte. Zum einen würde Beatrice es sowieso nicht zulassen, und zum anderen würde es ihrer Entwicklung schaden, argumentiert die Mutter.

Die siebenjährige Maren mischt sich prinzipiell in jedes Gespräch ein, das die Eltern mit anderen Erwachsenen führen. Die Eltern finden das gut. Sie hören ihrer Tochter gerne beim Reden zu. Die anderen Erwachsenen weniger. Andachtsvoll lauschen die Eltern den Worten ihrer Tochter, während Freunde und Bekannte immer seltener zu Besuch kommen, weil sie selbst kaum noch zu Wort kommen. Besuchen die Eltern, natürlich mit Maren, Freunde, beschäftigt sich Maren prinzipiell mit den Schränken der befreundeten Familie. Manchmal tritt sie auch gegen Stühle und Tische. Einfach nur so, weil es ihr Spaß macht. Die Eltern schreiten dabei nicht ein. Maren soll sich frei entfalten können. Die Einladungen zu Freunden sind mit der Zeit spärlicher geworden.

Das Schlaraffenland ist ein märchenhaftes Schlemmerland, in dem Milch und Honig fließt. Die gebratenen Tauben fliegen einem in den Mund, wenn man Hunger hat. Die Faulheit ist eine Tugend und Fleiß ist ein Laster. Alle Wünsche gehen in Erfüllung und – man muß überhaupt nichts dafür tun. Alles ist umsonst.

In unserer Wohlstandsgesellschaft lebt ein nicht unbeträchtlicher Teil unserer Kinder in einem solchen Schlaraffenland oder in einem schlaraffenlandähnlichen Zustand. Beides führt zu enormen psychischen Belastungen bei den Müttern (siehe dazu: Die Leiden der Mütter) und zu psychischen Fehlentwicklungen bei den Kindern (siehe dazu: Die Auswirkungen der Schlaraffenland-Erziehung). Es sind zumeist Kinder aus der Mittelschicht und der Oberschicht. Die Familien, in denen sie leben, haben in der Regel ein gutes Einkommen. Schlaraffenlandkinder sind auch vorwiegend Einzelkinder. Sie können aber auch als ein Geschwisterpaar in

Erscheinung treten. Als Scheidungskinder sind sie ebenfalls häufig anzutreffen. Die oder der Alleinerziehende versucht, den Verlust des anderen Elternteils durch eine besonders ausgeprägte Schonhaltung dem Kind gegenüber zu kompensieren. Es bekommt ein Übermaß an Zuwendung und Freiheiten und wird oft gleichzeitig wie ein gleichberechtigter Partner vom Erwachsenen behandelt.

Wie auch immer: Schlaraffenlandkinder sind in ihrer Familie der unumstößliche Mittelpunkt. Sie sind die heimlichen und unheimlichen Herrscher innerhalb der Familie. Sie führen sich wie Könige und Königinnen auf – und sind es auch. Alle müssen ihnen untertan sein. Alle müssen für sie sorgen und ausschließlich nur für sie dasein.

Schlaraffenlandkinder sind es, die letztlich bestimmen, was im Supermarkt gekauft wird, welche Neuanschaffungen innerhalb der Familie getätigt werden und welche Marke dabei zu berücksichtigen ist. Die Werbebranche hat es schon lange erkannt und hofiert Kinder königlich. Kinder sind nicht nur die Kunden von morgen. Sie sind es jetzt schon.

Schlaraffenlandkinder achten penibel darauf, daß in der Familie alles so abläuft, wie sie es wollen. Ihre Eltern sind ihre Sklaven, insbesondere ihre Mütter. Die Väter haben kaum die Möglichkeit, sich dagegen wirkungsvoll und auf Dauer aufzulehnen. Das allgemeine Liebesideal, dem ihre Frauen anhaften, entzieht ihnen die Grundlage ihres Handelns (siehe dazu: Der Mythos von der grenzenlosen Mutterliebe). Ihnen bleibt nur der Rückzug und die Resignation. Schlachten, die von Vätern gewonnen werden, verwandeln sich schon Minuten später in Niederlagen. Den Krieg gewinnen letztlich immer die Kinder. Denn ihre stärkste Waffe ist das schwächste Glied in der Familienkette: die Mutter. Das wissen Schlaraffenlandkinder ganz genau. Sie wissen sich dieser Waffe nur allzugut zu bedienen, und sie haben eine Reihe von Taktiken entwickelt, um zu ihrem Ziel zu kommen. Selbst wenn sich die Mütter mit den Vätern verbünden, wissen sie, daß dieses Bündnis nur von allzu kurzer Dauer sein wird. Schon bald nehmen sie wieder ihren alten, ihnen angestammten Platz ein. Und sie sind stärker als je zuvor.

Schlaraffenlandkinder gibt es in allen Schattierungen, von extremen Schlaraffenlandkindern bis zu denen, die nur gelegentlich ein Schlaraffenland-Verhalten zeigen. Betrachten wir für einen kurzen Moment die Eingangsbeispiele dieses Kapitels. Treten die oben erwähnten Verhaltensweisen der Kinder nur gelegentlich und auch nur in bestimmten Situationen auf, kann noch nicht von einem Schlaraffenlandkind im engeren Sinne gesprochen werden. Denn hierfür ist die Dauer und die Ausweitung des Schlaraffenland-Verhaltens auf den gesamten Lebensalltag entscheidend.

Doch das nur gelegentlich und auf bestimmte Situationen begrenzte Schlaraffenland-Verhalten kann bereits ein wichtiges Indiz dafür sein, daß sich beim betreffenden Kind allmählich eine Schlaraffenland-Mentalität, d.h. eine Schlaraffenland-Persönlichkeit (siehe dazu: Die Entwicklung der Schlaraffenland-Mentalität) zu entwickeln beginnt. Denn die Gefahr ist groß, daß ein Kind, das sich zum wiederholten Male mit einem bestimmten Verhalten gegenüber seiner Mutter erfolgreich hat durchsetzen können, dieses Verhalten von nun an immer wieder zeigt und auch auf andere Alltagssituationen ausdehnt.

Die äußeren und inneren Kriterien

Ob ein Kind nun ein Schlaraffenlandkind ist und schon eine Schlaraffenland-Mentalität entwickelt hat oder nicht, läßt sich anhand folgender Kriterien erkennen. Diese Kriterien lassen sich in äußere und innere Kriterien unterscheiden. Die **äußeren** Kriterien bezeichnen das beobachtbare Verhalten, das Schlaraffenlandkinder konkret zeigen. Die **inneren** Kriterien hingegen beziehen sich auf die Eigenschaften, auf die besondere Mentalität, die Schlaraffenlandkinder entwickeln.

Bei den nun folgenden Kriterien ist zu beachten, daß sie nicht alle erfüllt sein müssen, damit ein Kind als ein Schlaraffenlandkind bezeichnet werden kann. Oft reicht schon ein äußeres Kriterium in Kombination mit einem inneren Kriterium aus, um ein Kind ein Schlaraffenlandkind zu nennen.

Die äußeren Kriterien:

- Das Kind bekommt (in den meisten Fällen), was es will.
- Es wird von seiner Mutter fast ausschließlich bedient.
- Es fordert permanent Aufmerksamkeit ein (nicht nur bei der Mutter, sondern auch bei anderen Erwachsenen).
- Es redet bei Gesprächen (prinzipiell) dazwischen.
- Es ist ihm fast alles erlaubt.
- Es bestimmt mehr oder weniger, was eingekauft und angeschafft wird.
- Es führt sich oft wie ein Erwachsener auf (altkluges Verhalten).
- Es übernimmt in der Familie (fast) keine häuslichen Aufgaben.

Die äußeren Kriterien beziehen sich auf die reale Macht, die Schlaraffenlandkinder in ihren Familien haben und die sie rücksichtslos zur Befriedigung ihrer Interessen einsetzen und durchsetzen. Sie lassen sich in Alltagssituationen gut beobachten. Die oben genannten Eingangsbeispiele von typischen Schlaraffenlandkindern und –situationen haben einen Querschnitt davon aufgezeigt.

Aus der realen Macht, die diese Kinder in ihren Familien haben, entwickelt sich schließlich die Schlaraffenland-Mentalität. Sie besteht aus Wesenszügen, die ein Kind mit der Zeit entwickelt, wenn seine Macht in der Familie nicht rechtzeitig und drastisch beschnitten wird.

Die inneren Kriterien:

- Maßlosigkeit
- Ichbezogenheit
- Launenhaftigkeit
- Rücksichtslosigkeit
- Selbstgefälligkeit

Maßlosigkeit

Die Maßlosigkeit von Schlaraffenlandkindern zeigt sich insbesondere dann, wenn es sich um materielle Dinge handelt. Sie wollen alles haben und geben sich mit dem, was sie bereits haben, nicht zufrieden. Es muß mehr sein, und es muß besser sein als das Vorangegangene. Sie akzeptieren in der Regel nur noch Steigerungen. Sie können dabei sehr nachtragend sein, wenn sich die Eltern nicht danach richten.

Eine Mutter berichtete mir, daß ihre elfjährige Tochter zu weinen anfange, wenn die Geschenke, die sie zu ihren Geburtstagen und zu Weihnachten bekäme, nicht in einer gewissen Preiskategorie liegen würden. Lägen die Geschenke unter dieser Preiskategorie oder sei der Preis nicht höher als beim letzten Geschenk, glaube sie, daß man sie nicht mehr liebhaben würde.

Aber auch wenn es darum geht, Aufmerksamkeit von den Müttern, allgemein von den Eltern und anderen Erwachsenen zu bekommen, sind Schlaraffenlandkinder maßlos. Sie gönnen den Erwachsenen kaum Ruhepausen. Diese müssen immer für sie dasein. Andere Beschäftigungen werden von ihnen eifersüchtig beäugt. Sobald die Kinder den Eindruck haben, daß sie vernachlässigt werden, sind sie zur Stelle und holen sich die Aufmerksamkeit, von der sie meinen, daß sie ihnen zusteht. Die vierjährige Annabelle beispielsweise gönnt ihrer Mutter keine Ruhe. Sie muß immer in Rufweite sein. Bei Erwachsenengesprächen ist sie zunächst eine Weile still. Dann geht sie zu ihrer Mutter und will ihr etwas Wichtiges erzählen. Hört diese nicht zu, legt Annabelle vertraulich ihren Kopf in den Schoß der Mutter. Nützt dies auch nichts, fängt sie laut an zu schreien. Schickt ihre Mutter sie aus dem Zimmer, macht Annabelle in den anderen Zimmern einen solchen Krach, daß ein vernünftiges Gespräch nicht mehr möglich ist.

Ichbezogenheit

Ichbezogenheit bedeutet für ein Schlaraffenlandkind, daß es die Bedürfnisse von anderen, insbesondere der Mutter, mehr oder weniger stark ausblendet. Das Schlaraffenlandkind geht davon aus, daß die Mutter ausschließlich für es da ist, damit seine Bedürfnisse befriedigt werden. Es denkt fast ausschließlich nur an sich selbst. Eine Mutter erzählte mir, daß sie mit hohem Fieber im Bett gelegen habe. Ihr achtjähriger Sohn Tobias wollte, daß sie ihm trotzdem ein Überraschungsei kauft. Vergeblich versuchte die Mutter ihrem Sohn zu erklären, daß sie krank sei und kaum gehen könne. Tobias war es völlig gleichgültig. Er bestand darauf, daß seine Mutter ihm ein Überraschungsei von der Bude besorgt. Ob er nicht selbst gehen könne, fragte die Mutter ihren Sohn. Doch der wollte seine Serie im Fernsehen nicht verpassen. Die fiebernde Mutter zog sich an und kaufte ihrem quengelnden Sohn sein Überraschungsei.

Für Schlaraffenlandkinder ist obiges Verhalten kein Einzelfall, auch wenn dieses Beispiel eine eher extreme Variante der Ichbezogenheit aufzeigt. Doch erst in extremen Situationen, wie im Beispiel der kranken Mutter, zeigen sich deutlich das mangelnde soziale Verhalten und die Ichbezogenheit der Kinder. In der Regel werden solche Erlebnisse von der Mutter jedoch inner-

Wissensfenster

Die psychische Entwicklung des Kindes vom ersten bis zum fünften Lebensjahr

Von der Geburt bis etwa zum zweiten Lebensjahr sind Kinder damit beschäftigt zu lernen, daß die Welt um sie herum stabil ist. Ab etwa dem neunten Monat sind sie in der Lage zu erkennen, daß die Objekte in ihrer Umgebung auch dann noch existieren, wenn sie aus ihrem Blickfeld verschwinden. In den ersten Lebensjahren haben Kinder eine egozentristische Perspektive, d.h., daß sie ihre eigenen Interpretationen einfach auf die der anderen übertragen. So hält sich ein kleines Kind die Hand vor die Augen und glaubt, daß andere es nicht sehen können. Andererseits hat man festgestellt, daß Kinder auch schon mit ungefähr zwei Jahren fähig sind, sich in die Situation eines anderen Menschen kurzfristig hineinzufühlen, etwa wenn die Mutter traurig ist. Ab der zweiten Hälfte des zweiten Lebensjahres entdeckt das Kind allmählich seine Ich-Identität. Es wird sich seiner selbst bewußt, seiner Persönlichkeitseigenschaften, seiner Befindlichkeiten und Fähigkeiten.
Ein Großteil der Emotionen wird vom Kind durch die mündlichen Benennungen seiner Eltern (z.B. was Freude ist oder Trauer) gelernt. Auf diese Weise können Kinder mit dem Spracherwerb schon früh ihre Gefühle zum Ausdruck bringen.

halb kürzester Zeit bagatellisiert, anstatt sie als einen Hinweis dafür zu deuten, daß etwas in der Erziehung falschgelaufen ist.

Schlaraffenlandkinder können bzw. wollen prinzipiell nicht begreifen, daß ihre Mütter nicht ständig für ihre Bedürfnisbefriedigung zuständig sind. Sie halten es für ein natürliches Recht, daß sie Vorrang vor den Bedürfnissen anderer haben. Der Mutter einen Gefallen zu tun funktioniert nur dann, wenn die Schlaraffenlandkinder extrem guter Laune sind oder sich gerade in einer flüchtigen Phase gespielter Hilfsbereitschaft befinden.

Ihre Ichbezogenheit zeigt sich in alltäglichen Begebenheiten. Wenn Kinder ihre Mütter mitten in der Nacht wecken, damit sie ihnen etwas zu trinken geben, obwohl sie durchaus dazu in der Lage wären, sich selbst etwas zum Trinken zu besorgen, wird ihre Ichbezogenheit nur noch mehr gefördert. Bei Kleinkindern ist es auch lästig, mitten in der Nacht geweckt zu werden, aber aufgrund ihrer natürlichen Unselbständigkeit ist es verständlich, wenn sie nach der Mutter oder dem Vater rufen. Doch ab dem fünften Lebensjahr – in vielen Fällen auch schon früher – kann man davon ausgehen, daß Kinder bestimmte Tätigkeiten aus Einsicht selbständig ausführen können.

Dies hängt jedoch in der Regel davon ab, daß die Mutter ihre Kinder zu Selbständigkeit und zur Rücksichtnahme auf ihre Bedürfnisse erzieht. Weigert sich das Kind, obwohl es dazu fähig ist, bestimmte Tätigkeiten zu verrichten, will es wohl einfach nur seine Bequemlichkeit nicht aufgeben.

Launenhaftigkeit

Schlaraffenlandkinder sind ausgesprochen launische Kinder. Sie sind extrem abhängig von ihren jeweiligen momentanen

Empfindungen. Sie werden von ihren Launen geradezu beherrscht. Selbst als Jugendliche und später auch Erwachsene sind sie kaum in der Lage, ihre Launen zu kontrollieren. Solange sie guter Laune sind – was im allgemeinen davon abhängt, ob sich im Zusammenleben mit der Mutter bzw. der Familie alles nach ihnen richtet –, sind sie relativ problemlos zu handhaben. In solchen Momenten können sie auch sehr lieb und aufmerksam zu ihren Müttern sein, weil sie selbst die momentan vorherrschende Harmonie nicht gefährden wollen. Es sind die trügerischen Höhepunkte im Leben der Mütter von Schlaraffenlandkindern. Denn aus diesen Einzelsituationen ziehen sie die Kraft und die Bestätigung für ihr bisheriges Handeln. Sie denken nicht weiter darüber nach, daß es nur Ausnahmesituationen sind und sie dafür den hohen Preis der eigenen Bedürfnisunterdrückung zu zahlen haben.

Haben die Schlaraffenlandkinder jedoch einen schlechten Tag und damit schlechte Laune, entwickeln sie sich schnell zu kleinen boshaften Tyrannen, die ihre Umwelt gnadenlos terrorisieren. Eine schlechte Laune kann durch jedes Ereignis ausgelöst werden und blitzschnell die bisher bestehende gute Laune vergessen lassen. Sie kann auf einer schlechten Tagesform beruhen, weil das Kind z.B. zu wenig geschlafen hat und deshalb sehr mürrisch ist. Es können Niederlagen im Spiel sein, eine im Fernsehen verschobene Lieblingssendung, Aufforderungen der Mutter zum Aufräumen des eigenen Zimmers, Probleme mit Freunden oder einem Elternteil. Sobald sie wütend, zornig, enttäuscht sind, lassen sie ihre Wut, ihren Zorn, ihre Enttäuschung sofort und rücksichtslos an ihrer Mutter bzw. der Familie aus.

Die jeweils gute bzw. schlechte Laune diktiert ihren Umgang mit der Mutter. Dies kommt natürlich auch in Familien vor, in denen das Kind keine Schlaraffenland-Position innehat. Der Unterschied dazu liegt in der extremen Abhängigkeit von der gerade vorherrschenden Laune. Gelingt es anderen Kindern relativ schnell, ihre schlechte Laune wieder zu vergessen, ist bei Schlaraffenlandkindern oft das Gegenteil der Fall.

Mütter fühlen sich für die schlechte Laune ihres Kindes häufig verantwortlich und setzen vieles oder alles in Bewegung, damit es wieder eine gute Laune bekommt. So muß sich das Schlaraffenlandkind nicht selbst darum bemühen, daß es ihm wieder besser geht. Das kann es getrost der Mutter überlassen und bekommt möglicherweise sogar noch etwas geschenkt, damit es sich wieder besserfühlt.

Des weiteren dient die Mutter als Ventil für die schlechte Laune des Kindes. Das Kind mäkelt an allem herum, beschimpft die Mutter, tobt. Haben Schlaraffenlandkinder schlechte Laune, ist es kaum noch möglich, mit ihnen ein vernünftiges Wort zu wechseln. Sie sind verschlossen und dabei sehr rechthaberisch. Läßt die Mutter dies alles widerstandslos über sich ergehen, macht das Kind sehr schnell die Erfahrung, daß sie ein williges Werkzeug für das Ausleben seiner schlechten Laune ist. Solche Kinder müssen dann die Gründe für ihre schlechte Laune nicht bei sich suchen und selbst aktiv dagegen vorgehen, sondern sie brauchen sie nur noch an der Mutter auszulassen und auszuleben. Auf diese Weise lernen Schlaraffenlandkinder keinen sinnvollen Umgang mit den eigenen Mißempfindungen. Sie bleiben – oft ihr ganzes Leben lang – bei dem einmal »Bewährten«.

Ein ganz normal entwickelter zwölfjähriger Junger teilte mir in einer Therapiesitzung einmal stolz mit, daß es ihm Spaß mache, seine Mutter zu quälen. Ihm gefiele ihr Gesichtsausdruck, den sie in solchen Momenten hätte. Nicht anders macht es Susan.

Die zwanzigjährige Susan läßt ihre Frustrationen prinzipiell an ihrer Mutter aus. Hat sie einen schlechten Schultag, Probleme mit ihrem Freund oder ihren Freundinnen, gelingt etwas nicht so, wie sie es sich vorgestellt hat, ist die Mutter der »Punchingball«, an dem sich die Tochter austobt. Da sich die Mutter von ihr offenbar alles gefallen läßt, ist sie willkommenes Opfer für Susans Unmut.

Rücksichtslosigkeit

Eng verknüpft mit der Ichbezogenheit und Launenhaftigkeit ist die Rücksichtslosigkeit des Schlaraffenlandkindes. Es nimmt auf die Bedürfnisse der Mutter keinerlei Rücksicht. **Die Bedürfnisse der Mutter sind für das Schlaraffenlandkind vollkommen unwichtig. Die Mutter verhält sich im Gegenzug allerdings auch so, daß auf sie keine Rücksicht genommen werden muß.** Das Kind hat stets Vorrang vor ihren Bedürfnissen. Das Schlaraffenlandkind begreift beispielsweise nicht, daß nicht genug Geld da ist, um ein teures Spielzeug zu kaufen. Es fordert dieses Spielzeug ein, auch wenn die Mutter dem Kind klarzumachen versucht, daß das Geld dazu nicht reicht. Es ist für keine Argumentation zugänglich. Es will seinen Wunsch erfüllt haben. Alles andere interessiert es nicht. Es ist ihm unbegreiflich, daß die Mutter überhaupt zögert, das Spielzeug zu kaufen. Manchmal heucheln Schlaraffenlandkinder Verständnis für die Sorgen der Mütter und spekulieren darauf, daß sie ihren Wunsch trotzdem erfüllt bekommen. Nimmt die Mutter das Kind dann beim Wort, wird sie in der Regel die Erfahrung machen, daß es trotz der Wunscherfüllung alles andere als zufrieden ist. Die schlechte Laune ist vorprogrammiert.

Wenn sich die Mutter abends mit einer Freundin in deren Wohnung treffen will, versuchen manche Schlaraffenlandkinder alles, um die Mutter in der Wohnung zu halten, damit sie nicht geht, und zwar einfach nur deshalb, weil das Schlaraffenlandkind nicht will, daß sie geht. Dies verändert sich, wenn Schlaraffenlandkinder älter werden und alleine sein möchten. Dann wird die Anwesenheit der Mutter, des Vaters und anderer Familienmitglieder in der elterlichen Wohnung zu einer Störung für sie. Das Kind will alleine sein, die Wohnung für sich haben, es will fernsehen, solange es will und sich Freunde einladen.

Hat die Mutter das Bedürfnis, mit ihrem Sohn oder mit ihrer Tochter über gegenseitige Rücksichtnahme in der Familie zu sprechen, wissen diese – auch wenn sie schon Jugendliche sind – überhaupt nicht, was »solches Gerede« eigentlich soll. Schließlich sind sie der Überzeugung, daß die elterliche Wohnung *ihre* Wohnung ist und sie darin und damit machen können, was sie wollen. Ordnung halten, auf Sauberkeit achten, der Mutter unnötige Arbeit ersparen (wie z.B. die Schuhe im Winter vor der Wohnungstür auszuziehen und den Dreck nicht in die Wohnung zu tragen, beim Essen nicht auf den Boden zu krümeln) interessiert sie nicht und – sie richten sich auch nicht danach.

Selbstgefälligkeit

Viele Schlaraffenlandkinder sind in sich selbst verliebt. Sie empfinden sich als außergewöhnliche und besondere Menschen, die ein Anrecht darauf haben, ein Höchstmaß an Aufmerksamkeit und Zuwendung zu bekommen. Sie wollen bewundert werden. Sie sind stolz auf das, was sie gerade tun, was sie »leisten«, und wollen von ihren Eltern ständig dafür gelobt werden. Dabei wissen sie, welche Gesten sie zeigen, welche Worte sie sagen und welche Handlungen sie durchführen müssen, damit man sich ihnen zuwendet und sie lobt.

Die fünfjährige Claudia weiß beispielsweise ganz genau, wie sie ihre Eltern und auch andere Erwachsene für sich einnehmen kann. Sie wirkt auf den ersten Blick niedlich. Sie benimmt sich affektiert, was hauptsächlich nur Freunden und Bekannten auffällt. Alles, was sie tut, wirkt theatralisch, ein bißchen überzogen, um wirklich natürlich zu sein. Es sind Inszenierungen, an deren Ende der Applaus der Eltern und der von anderen Erwachsenen steht. Selbstgefällige Schlaraffenlandkinder sind dabei sehr dynamisch und voller Tatendrang. Es ist ihnen klar, daß sie schon einiges dafür tun müssen, um gelobt zu werden. Aber das Gefühl, genügend auf sich aufmerksam gemacht zu haben, ist für sie eine Entschädigung, die sich lohnt. Die Eltern unterstützen diese Aufführungen ihrer Kinder. Und stärken damit die Bedeutung, die solche Kinder zu haben glauben.

Später als Jugendliche und als Erwachsene haben viele Schlaraffenlandkinder ein sehr einnehmendes Wesen. Sie wissen sich gut und ausgefallen zu kleiden und sich so zu verhalten, daß man sie auf Anhieb sympathisch findet. Im Umgang mit ihnen spürt man ihre »Überlegenheit« und die eigene »Unwichtigkeit«. Sie sind so von sich überzeugt und selbstsicher, daß solcher Funke des Von-Sich-Überzeugtseins oft auch auf andere überspringt. Doch je näher man sie kennenlernt, um so eher erkennt man, daß sie zumeist nur zu oberflächlichen Beziehungen und Empfindungen in der Lage sind.

Das Selbstbild der Schlaraffenlandkinder

Welche äußeren und inneren Kriterien auch immer erfüllt sind bzw. zutreffen, sie spiegeln immer die besondere Schlaraffenland-Mentalität von Kindern wider. **Dadurch, daß ein Schlaraffenlandkind von seiner Mutter wie ein König bzw.**

eine Königin hofiert wird, gewinnt es im Laufe der Zeit ein bestimmtes Bild von sich und von der Mutter. Dieses Bild ist von der Mächtigkeit des eigenen Ich und der Ohnmacht der Mutter geprägt. Die Ohnmacht der Mutter zeigt sich in ihrer Hilflosigkeit, dem Kind seinen Machtanspruch zu nehmen bzw. zu beschneiden. Dies spürt ein Kind. Dieser Umstand läßt es fast zwangsläufig folgende nicht bewußt formulierte, aber im Alltag gelebte Annahmen über sich herausbilden:

- Ich bin mehr wert als meine Mutter (und andere Menschen).
- Die Mutter (aber auch andere) muß immer Rücksicht auf mich nehmen.
- Ich selbst brauche auf niemanden Rücksicht zu nehmen.
- Ich bekomme alles, was ich will.
- Ich muß mich nicht anstrengen, um etwas zu bekommen.
- Ich bin mächtig.

Kinder, die solche Annahmen über sich entwickeln, erfahren eine Bedeutung von sich, die ihren weiteren Lebensweg entscheidend prägen wird. Sie erfahren eine Macht, mit der sie in sinnvoller Weise überhaupt noch nicht umgehen können. Selbst Erwachsenen fällt es in der Regel sehr schwer, Macht, die sie bekommen, nicht zu mißbrauchen und eigennützig für sich selbst zu verwenden. Wie erst sollen Kinder, die sich mächtig fühlen, soziale Kompetenzen entwickeln, die von Rücksichtnahme, Toleranz, Kooperation, von Liebe zu anderen Menschen geprägt sind? Einem Kind derartige Machtbefugnisse einzuräumen läuft darauf hinaus, daß es in geradezu unverantwortlicher Weise ein Selbstbild von sich entwickelt, mit dem es in späteren Jahren nur große Probleme bekommen wird (siehe dazu: Die Auswirkungen der Schlaraffenland-Erziehung).

Damit sich die Leser einen plastischen Eindruck von dem soeben Ausgeführten machen können, sollen an dieser Stelle zwei abschließende Beispiele eingefügt werden, die deutlich machen, wie sich Macht in den Händen von Kindern pervertiert.

Eine Mutter fährt mit ihrem dreijährigen Sohn Markus nach einer Einkaufsfahrt mit dem Auto nach Hause. Die Familie wohnt in einer Einbahnstraße. Die Mutter möchte den Wagen direkt vor dem Hauseingang parken. Doch Markus sieht auf der gegenüberliegenden Seite einen Parkplatz. Er möchte, daß der Wagen dort geparkt wird. Die Mutter lehnt ab und versucht, ihm klarzumachen, daß sie dann die Einkaufskörbe einzeln über die Straße tragen müßte. Sie lehnt ab. Daraufhin beginnt Markus zu toben. Er besteht auf der von ihm entdeckten Parklücke. Obwohl Markus immer lauter schreit, richtet sich die Mutter nicht nach ihm. Sie findet eine Parklücke direkt vor ihrem Haus. Als sie Markus aus dem Wagen holen will, tritt er seine Mutter. Er weigert sich, das Auto zu verlassen, wenn es nicht in seiner Parklücke geparkt wird. Die Mutter verspricht, den Vater zu holen, damit dieser den Wagen in die Parklücke fährt. Sie weckt ihren Mann, der erst wenige Stunden vorher seine Nachtschicht beendet hat. Bereitwillig zieht der Vater sich an und fährt den Wagen zu der Parklücke, in der Markus ihn geparkt haben will. Es stellt sich heraus, daß sie zu klein ist. Was Markus nicht interessiert. Irgendwann gibt er nach und bestimmt eine andere Parklücke als Ziel. Der Vater gehorcht und parkt den Wagen wie von Markus gewünscht ein.

Die Eltern von Marion und Jens fahren mehrmals im Jahr in

Urlaub. Marion ist elf Jahre und Jens dreizehn. Beide Kinder bestimmen den Urlaubsort, wohin die Familie fährt. Sie haben sich für Mallorca entschieden. Es sind zwei Zimmer gebucht. Es ist selbstverständlich, daß Marion und Jens jeweils ein Zimmer bekommen. Sie dürfen sich aussuchen, welches Elternteil in ihren Zimmern schläft. Die Eltern richten sich immer nach den Anweisungen ihrer Kinder. Die Kinder bestimmen auch die Ausflugsziele, in welchem Restaurant gegessen und in welchem Café etwas getrunken wird, welchem Kellner ein Trinkgeld gegeben wird und wem nicht. Auch den Mietwagen können sich die Kinder aussuchen. Manchmal wagen die Eltern leisen Protest, wenn der ausgesuchte Wagen etwas teuer ist. Aber letztlich entscheiden Marion und Jens darüber, ob den Bitten der Eltern nachgegeben wird oder nicht.

Die Entstehung der Schlaraffenland-Mentalität

Der Wille des Kindes

Eine der elementarsten Fähigkeiten des Menschen ist es, zwischen angenehmen und unangenehmen Empfindungen unterscheiden zu können. Stellen wir uns einen Menschen vor, der dies nicht könnte. Alles wäre diesem Menschen gleichgültig. Er würde keinen Willen benötigen, um etwas durchzusetzen. Denn er wüßte nicht, was er durchsetzen sollte, um das eine zu erreichen und das andere von sich abzuwenden. Er würde auch keine Motivation zu etwas haben. Denn wofür sollte er sich anstrengen? Gefühle wie Geborgenheit, Lust, Wohlgefühl, Trauer etc. wären ihm gänzlich unbekannt. Ob er genügend Nahrung zu sich nähme oder nicht, könnte er nicht entscheiden, da ihm die Möglichkeit fehlen würde, über den Körper die Rückmeldung des Sattseins oder des Hungers zu empfangen.

Diese elementare Fähigkeit, zwischen angenehmen und unangenehmen Empfindungen und Gefühlen zu unterscheiden, ist uns angeboren.

Säuglinge signalisieren über ihre Lust- und Unlustempfindungen der Mutter, welcher Zustand für sie angenehm ist und welcher nicht. Auch wenn das Baby älter wird, vom Kleinkind zum Kind heranwächst, ist die Befriedigung seiner Lust bzw. seiner Wünsche die entscheidende Antriebsfeder und Maßstab seines Handelns. Wenn es sich wohl fühlt, ist für das Kind die Welt in Ordnung. Wenn es sich schlechtfühlt, stimmt etwas nicht, und das Kind setzt alles daran, sich wieder wohl zu fühlen, soweit es in seiner Macht steht. Dabei handelt es für lange Zeit nicht sozial, sondern ist vorwiegend auf die Befriedigung seiner Bedürfnisse fixiert. Es richtet seine ganze Kraft, seinen ganzen Willen darauf, die Zustände von Befriedigung, die es erreicht hat, zu erhalten und zu erhöhen. Im Kontakt mit anderen Menschen schließlich beginnt es zu lernen, daß seinen Lustbestrebungen und der Erfüllung seiner Wünsche Grenzen gesetzt sind. Mit der Zeit beginnt es, dies zu akzeptieren und zu verstehen. **Anders beim Schlaraffenlandkind. Da es nie nennenswerten Widerstand erfuhr, wenn es darum ging, seine Bedürfnisse zu befriedigen und seine Wünsche erfüllt zu bekommen, kennt es diese Grenzen nicht. Sein Wille ist der Maßstab seines Handelns.** Es verfolgt seine Ziele konsequent und gibt nicht eher Ruhe, bis es sein Interesse erfüllt sieht. Das ist dem Kind auch in keinster Weise vorzuwerfen. Es wiederholt nur, was sich seit seiner Geburt als äußerst erfolgreich erwiesen hat. Daß es diesen Maßstab der Maximierung seiner Lust konsequent verfolgt, ist völlig verständlich. Und da es aufgrund seines Alters und seiner psychischen und sozialen Unreife nicht die Nebenwirkungen (z.B. durch übermäßiges Süßigkeiten-Essen die Zähne zu gefährden, Karies zu produzieren) und Fernwirkungen (später einmal große Probleme mit den Zähnen zu haben, übergewichtig zu sein) seines Verhaltens abschätzen kann, ist es ebenso verständlich, daß es sich nur auf das konzentriert, was konkret greifbar ist (z.B. eine bestimmte Fernsehsendung sehen zu wollen, Vermeidung von Beteiligung im Haushalt, Süßigkeiten essen, Wünsche sofort erfüllt zu bekommen). Kinder gehen dabei – setzt man ihnen keine Grenzen – ausgesprochen rücksichtslos vor, um ihre Interessen durchzusetzen. Sie setzen ihre ganze Kraft dafür ein und nutzen jede Schwäche ihrer Eltern aus, um in allen Situationen das Beste für sich herauszuholen.

Der Wille des Kindes und insbesondere des Schlaraffenlandkindes ist das Instrument zur Befriedigung seiner Interessen. Die Unterwerfung der Mutter unter diesen Willen ist sein Erfolg.

Die Entscheidung des Kindes

Menschen treffen ununterbrochen Entscheidungen. Kleine und große. Oft ist ihnen überhaupt nicht bewußt, daß sie Entscheidungen treffen. Welches Hemd man heute trägt oder welche Schuhe, welche Menschen man besuchen wird und wen man heute anruft.

Um sich entscheiden zu können, muß man eine Wahl haben. Zum Treffen einer Entscheidung gehört dazu, daß man mindestens zwei Möglichkeiten hat, zwischen denen man sich entscheidet.

Ein Verhalten zu zeigen und ein anderes mögliches Gegenverhalten nicht zu zeigen ist eine Entscheidung; eine Entscheidung, die schon Kleinkinder treffen.

Sie treffen sie auf der Basis ihrer Lust- bzw. Unlustempfindungen. Das Sich-Weigern zu essen oder das Nicht-schlafen-gehen-Wollen ist eine Entscheidung. Es sind Entscheidun-

> Wissensfenster
>
> **Die psychische Entwicklung der fünf- bis achtjährigen Kinder**
>
> Zwischen dem fünften und achten Lebensjahr wird den Kindern zunehmend klar, daß andere Menschen andere Gedanken und Gefühle als sie selbst haben. Mit ca. fünf Jahren können Kinder den Unterschied zwischen positiven und negativen Emotionen wahrnehmen und benennen. Sie begreifen, daß Emotionen nicht nur von Situationen abhängen, sondern auch innere Ursachen haben können. Ebenso wird ihnen bewußt, daß es widersprüchliche Emotionen gibt.

gen, die sich natürlich ergeben. Sie sind noch nicht reflektiert, sondern entspringen dem momentanen Bedürfnis des Kindes.

Aus der Perspektive eines Kindes – gleich welchen Alters – ist eine Entscheidung auf der Basis von Lust oder Unlust vollkommen legitim. Aus der Perspektive des Erwachsenen ist ebenso klar, daß er die Entscheidung des Kindes, nicht essen oder schlafen zu wollen, nicht tolerieren kann. Der Erwachsene kennt die Folgen ungenügender Nahrungsaufnahme oder von Schlafdefiziten bei Kindern. Das Kind selbst interessiert diese Überlegungen der Eltern nicht. Es ist geistig nicht dazu in der Lage, die Folgen seines Tuns in vollem Umfang abzuschätzen. Die Erkenntnis, daß ein Kind die Folgen seines Tuns nicht abschätzen kann, wird vom Erwachsenen häufig dazu verwendet, daß man das, was es im allgemeinen tut, nicht ernst nimmt (siehe dazu: Der Mythos vom nicht ernstzunehmenden Kind). Man spricht es generell von der Verantwortung seiner Äußerungen und Taten frei. Doch auf diese Weise wird das Kind unterschätzt. Denn in einem gewissen Umfang weiß das Kind ganz genau, was es tut und welche Auswirkungen sein Handeln beispielsweise auf die Mutter hat (siehe dazu: Der Mythos vom wehrlosen Kind).

Weiß ein Kind jedoch, was es tut, d.h. kann es für sich abschätzen, warum es ein bestimmtes Verhalten zeigt bzw. nicht zeigt, ist es dafür auch verantwortlich.

Es ist richtig, daß ein jüngeres Schulkind beim Treffen der Entscheidung »Ich gehe nie mehr zur Schule!« sowohl die Nebenwirkungen (es ist vormittags allein zu Hause, es isoliert sich von anderen Kindern) wie auch die Fernwirkungen (die Polizei bringt es in die Schule, es bekommt keinen qualifizierten Schulabschluß) nicht abschätzen und für seine Entscheidung nicht die Verantwortung übernehmen kann. Es fehlen ihm einfach noch die intellektuellen Voraussetzungen, um die Konsequenzen seines Handelns überblicken zu können.

Die Entscheidung des Kindes basiert nicht auf einem reflektierenden Nachdenken im Sinne der Berücksichtigung von Nebenwirkungen und Fernwirkungen, sondern auf seiner momentanen Stimmung. Die kann im obigen Beispiel dadurch ausgelöst sein, daß es in der Schule Außenseiter ist, ständig verprügelt wird oder einfach keine Lust mehr hat, in die Schule zu gehen. Aus seiner Perspektive gibt es nur die Entscheidung, die Schule in Zukunft zu vermeiden. Aufgrund seines noch jungen Erfahrungsschatzes ist diese Entscheidung eine durchaus überdachte Entscheidung. Auch aufgrund des Empfindens ist die Entscheidung sinnvoll und richtig. Es trifft die Wahl zwischen der Möglichkeit, zur Schule zu gehen oder es zu lassen.

Daneben gibt es Entscheidungen, für die Kinder bereits die Verantwortung tragen oder übernehmen können. Denn sobald sie mit einer Situation konfrontiert werden, die mit einem bisherigen Verhalten nicht mehr übereinstimmt und daraufhin ein neues Verhalten lernen, haben sie die Möglichkeit, sich zwischen zwei Verhaltensweisen bewußt zu entscheiden. Sobald ein Kind also eine neue Verhaltensweise erlernt hat, wie beispielsweise das Zubinden der eigenen Schuhe, trifft es ab jetzt bewußt die Entscheidung, in welchen Situationen es sich die Schuhe zubindet oder sie sich zubinden läßt. Es hat die Wahl. Ein Beispiel:

Ein Kind kommt in den Kindergarten und lernt dort, sein Butterbrot selbständig zu schmieren. Da es bisher seine Butterbrote immer von seiner Mutter geschmiert bekam, ist das Butterbrotschmieren für das Kind ein neues Verhalten und eine neue Fähigkeit. Von nun an hat es die Möglichkeit, sich seine Butterbrote – auch zu Hause – künftig selbst zu schmieren und sie sich nicht mehr von der Mutter machen zu lassen.

Der viereinhalbjährige Thomas hat im Kindergarten gelernt, sein Butterbrot selbst zuzubereiten. Noch am gleichen

Tag erzählt er es seiner Mutter. Die Mutter geht davon aus, daß Thomas seine Butterbrote von nun an selber schmieren kann. Aber Thomas weigert sich. Morgens und abends sitzt er am Essenstisch und macht keinerlei Anstalten, sich sein Butterbrot selbst zu machen. Die Mutter gerät unter Zeitdruck. Schließlich gibt sie auf und schmiert Thomas auch künftig die Butterbrote. Sie beruhigt sich mit dem Gedanken, daß Thomas dafür noch zu klein ist. Im Kindergarten ist das Butterbrotschmieren jedoch kein Problem.

Warum schmiert sich Thomas sein Butterbrot nicht zu Hause? Die Fähigkeit dazu hat er im Kindergarten ohne Probleme erlernt. Er ist sogar stolz darauf, daß er es kann. Das gleiche gilt für das Zubinden seiner Schuhe. Zu Hause jedoch muß ihm die Mutter die Schuhe zubinden.

Der mittlerweile siebenjährige Thomas – der im übrigen immer noch seine Butterbrote geschmiert bekommt und sich auch seine Schuhe von der Mutter zubinden läßt – sagt dazu:

»Klar kann ich meine Butterbrote selber machen. Das habe ich im Kindergarten gelernt. Zu Hause macht das meine Mami. Und meine Schuhe macht sie auch (zu)!« – »Mami macht das besser als ich!«

In vielen Fällen lassen sich Kinder lieber bedienen, als etwas selbständig zu tun, auch wenn sie es eigentlich schon können. Dabei treffen sie eine bewußte Entscheidung. Die Grundlage der Entscheidung ist die eigene Bequemlichkeit. Sie wissen auch, wie sie ihre Bequemlichkeit zu Hause am besten durchsetzen können. Die Mittel reichen vom einfachen Verweigern der Tätigkeit, zeitlichen Verzögern, absichtlich Etwas-falsch-Machen bis zu Weinen, Schreien, Toben.

Bei derartigen Entscheidungen ist es unwichtig, ob Kinder

die Nebenwirkungen und Fernwirkungen ihrer Handlungen bedenken können. Denn solche Entscheidungen, wie sich die Schuhe zuzubinden oder sich das Butterbrot zu schmieren, haben mit Wahlmöglichkeiten, die ein Vorausdenken oder Bedenken der Begleitumstände erfordern, nichts zu tun.

Warum aber schmiert sich Thomas im Kindergarten sein Butterbrot ohne Protest und bindet sich freiwillig seine Schuhe zu?

Die Antwort ist so einfach, wie sie traurig ist. Kinder wissen, daß sie ihre Mütter zu Hause für ihre Zwecke ausnutzen können. Im Kindergarten, in der Schule, im Kontakt mit anderen Kindern und anderen Erwachsenen ist es ihnen nicht möglich, sich derartig bequem zu verhalten. Dort müssen sie sich anpassen und auf andere Menschen Rücksicht nehmen. Sie machen die Erfahrung, daß ihnen andere Menschen nicht mit der gleichen bedingungslosen Zuwendung gegenübertreten wie ihre Mütter. Hier bekommen sie nichts geschenkt. Wollen Sie nicht als Außenseiter dastehen oder bei anderen Kinder unbeliebt sein, müssen sie sich ihnen gegenüber anders verhalten, d.h. sie müssen die Interessen der anderen bei ihren eigenen Entscheidungen mit berücksichtigen und darauf Rücksicht nehmen. Sie müssen sich arrangieren. Die Entscheidung, hierbei auf einen eigenen Vorteil zu verzichten, ist keine Entscheidung aus Einsicht, sondern aus Notwendigkeit. Es handelt sich dabei um den ersten Schritt zur Entwicklung eines angemessenen Sozialverhaltens, eine wichtige Erfahrung, die ein Kind machen muß, will es gemeinschaftsfähig werden. Natürlich ist auch die Erfahrung von bedingungsloser Liebe von elementarer Bedeutung für ein Kind. Doch schließt dies nicht ein, daß es deshalb die eigene Mutter ausnutzen und sich zu Hause vor Aufgaben und Tätigkeiten drücken darf. Zuneigung und Liebe, die dem Schlaraffenlandkind *geschenkt* wird, sind ihm nichts wert (siehe dazu: Der Mythos von der grenzenlosen Mutterliebe). Es muß sich nicht dafür anstrengen. Liebe und Zuneigung, die »erarbeitet« wird – durch ein freundliches, rücksichtsvolles Verhalten – zeigt ihnen den eigenen persönlichen Wert auf. Wollen sie bei anderen Menschen etwas erreichen, müssen sie etwas dafür tun. Doch von dieser erworbenen Sozialität des Kindes bekommt die Mutter eines Schlaraffenlandkindes in der Regel nicht viel mit. Sein soziales Verhalten ist lediglich auf die Bereiche außerhalb der Familie beschränkt. Denn zu Hause können Schlaraffenlandkinder nach Herzenslust ihre Mütter auch weiterhin ausnutzen und sich rücksichtslos gegen deren Interessen durchsetzen.

Daß sie mit ihrer Weigerung, sich daheim ihr Butterbrot selbst zu schmieren oder die Schuhe selbst zuzubinden, der Mutter mehr Arbeit zumuten und aufladen, ist ihnen vollkommen bewußt. Aber das interessiert sie nicht. Es ist ihnen vollkommen gleichgültig. Sie haben ihre Entscheidung getroffen. Es geht ihnen vor allen Dingen darum, ihre Bequemlichkeit zu erhalten. Sie spüren auch die Verzweiflung der Mutter, ihre Traurigkeit, ihre Enttäuschung, ihren Unmut. Kinder sind die Seismographen ihrer Umwelt. Sie können viele Dinge, die auf dieser Welt geschehen und die Erwachsene verbalisieren, nicht verstehen. Aber sie können viel davon erspüren. Sie spüren den jeweiligen inneren Zustand, in dem sich die Mutter befindet. Schon mit zwei Jahren sind Kinder dazu fähig – wenn auch mehr spielerisch als konstant –, die traurige Mutter zu trösten, weil sie Traurigkeit empfinden können. **Aber wenn es um ihre Bequemlichkeit geht, ist es ihnen vollkommen gleichgültig, ob die Mutter leidet oder verzweifelt ist. An dieser Stelle beginnt der Mißbrauch, den Kinder an ihren Müttern begehen.**

Oft versuchen Mütter, an die Einsichtsfähigkeit ihrer Kinder zu appellieren – die sie durchaus besitzen, aber aus Gründen der Bequemlichkeit nicht umsetzen wollen.

Die Mutter von Kersten teilt ihrem zehnjährigen Sohn mit, daß sie ihm zum Geburtstag nur ein kleines Geschenk machen kann, da sie im Moment zu wenig Geld verdienen würde. Sie setzt die Gründe ihrem Sohn ausführlich auseinander. Kersten versteht das und ist damit einverstanden, daß ihm seine Mutter nur ein kleines Geschenk kauft. Die Mutter ist begeistert über die Einsichtsfähigkeit ihres Sohnes. Kersten wünscht sich ein Kaninchen. Es kostet 30 DM. Die Mutter ist einverstanden. Einen Tag vor seinem Geburtstag gehen beide in die Zoohandlung und kaufen ein Kaninchen. Beiden fällt ein, daß sie natürlich auch noch einen Käfig für das Tier brauchen und einige andere Kleinigkeiten. Was die Mutter alles in allem 160 DM kostet. Um ihren Sohn nicht zu enttäuschen, der sich so sehr auf sein Haustier gefreut hat, bezahlt sie die hohe Summe. Kersten ist überglücklich. Ob die Mutter sich diese Ausgabe finanziell überhaupt leisten kann, ist ihm gleichgültig. An seinem Geburtstag ist Kersten traurig, daß er außer dem Kaninchen nichts anderes mehr von seiner Mutter bekommen hat.

Mütter mögen sich einreden, es sei zuviel verlangt, daß ein Zehnjähriger ihre finanzielle Situation versteht. Doch folgendes darf dabei nicht übersehen werden. Zum einen können selbst fünf- bis sechsjährige Kinder durchaus begreifen, warum sich manche ih-

<u>Wissensfenster</u>

Die psychischen Fähigkeiten der acht- bis zehnjährigen Kinder

Kinder sind nun in der Lage, vermehrt über sich selbst nachzudenken. Sie benutzen mehr abstrakte Adjektive, die sich auf Merkmale der Persönlichkeit, auf Motive, Überzeugungen, Werte und Einstellungen beziehen.
Erst mit neun oder zehn Jahren begreifen sie das Prinzip der Ambivalenz, etwa des gleichzeitigen Auftretens von widersprüchlichen Emotionen. Des weiteren wird ihnen bewußter, daß Gefühle auch vor anderen Personen verborgen werden können.

rer Wünsche nicht erfüllen lassen, und sind in der Lage, in ihren Handlungen bewußt und gezielt darauf Rücksicht zu nehmen. Kinder sind zu echtem Verzicht fähig und zu gewollter Selbstbegrenzung, die über einen oder mehrere Tage hinausgeht.

Die Mutter von Kersten war ja zunächst auch stolz auf ihren Sohn, daß er die Einsicht besaß, ihre finanzielle Situation zu verstehen. Als er sie nicht mehr hatte und zu seinem Geburtstag sogar noch mehr wollte, ging sie auf seine »Einsichtsfähigkeit« jedoch nicht weiter ein. Sie ignorierte sie einfach.

Man kann auch nicht damit argumentieren, daß Kersten vergessen hat, was seine Mutter ihm über ihre finanzielle Situation mitgeteilt hat. Kinder haben ein unglaublich gutes Gedächtnis, wenn es darum geht, ihre Mütter an einmal getroffene Versprechungen zu erinnern. Die Frage ist in diesem Zusammenhang nur, was sie im Gedächtnis behalten wollen und was nicht.

Zusammenfassend kann für diesen Abschnitt gesagt werden, daß Kinder sehr genau wissen, was sie tun. Wenn sie gegenüber anderen Kindern Rücksicht nehmen können, so auch bei ihren Müttern. Aber sie wollen und tun es nicht. Denn sie treffen die Entscheidung, daß ihre Bequemlichkeit und ihre Interessen mehr wert sind, als die Zufriedenheit der Mutter. Dies ist eine Mißbrauchssituation. Hier mißbrauchen Kinder rücksichtslos und bewußt ihre eigenen Mütter.

Die Unterwerfung der Mutter

Das »schlechte« Gewissen der Mütter ist der Grund dafür, daß sie sich dem Willen ihrer Kinder oft bedingungslos unterwerfen. Das »schlechte« Gewissen schaltet sich immer dann ein, wenn die Wünsche der Mutter mit denen ihrer Kinder nicht übereinstimmen (siehe dazu: Der Mythos von der grenzenlosen Mutterliebe; Die verhängnisvolle Macht der Erziehungsmythen). **Mütter glauben, daß das Empfinden des »schlechten« Gewissens ein untrügliches Zeichen dafür ist, daß sie im Umgang mit ihrem Kind einen Fehler begehen oder im Begriff sind, etwas Falsches zu tun. Dieser innere und spontane Impuls, den Mütter empfinden, hat für sie etwas Ursprüngliches, Unverfälschtes und damit Echtes und Wahres. Auf diese Weise wird das »schlechte« Gewissen zum Maßstab ihres Handelns. Jedes weitere Nachdenken erübrigt sich. Ein verhängnisvoller Irrtum, von dem insbesondere Schlaraffenlandkinder profitieren.**

Das Empfinden eines »schlechtes« Gewissen ist eben nicht so natürlich, unverfälscht und echt, wie man im allgemeinen annimmt. Was wir denken und fühlen, ist nicht angeboren, sondern Ausdruck unserer ganz persönlichen Lern- und Lebensgeschichte. Wir alle sind in eine Kultur und Gesellschaft hineingeboren, die von Normen und Traditionen geprägt ist. Unsere Eltern gaben uns zu verstehen, welche unserer Handlungsweisen erlaubt waren und welche nicht. Die Medien, die Lehrer, die wir im Laufe unseres Lebens hatten, der Erfahrungsaustausch mit anderen Menschen, die Bestätigung unserer Gedanken und Gefühle durch Dritte tragen entscheidend dazu bei, daß wir bestimmte Einstellungen ausgebildet haben. Diese Einstellungen beziehen sich u.a. auf unser Menschenbild, unsere religiösen Überzeugungen, unser mitmenschliches Verhalten und eben auch auf unsere Vorstellungen von Kind-Sein und Erziehung (siehe dazu: Die verhängnisvolle Macht der Erziehungsmythen). Diese Einstellungen sind uns so sehr in »Fleisch und Blut« übergegangen, daß wir in den Momenten, wo wir an Alternativen zu diesen Einstellungen denken, oft ein »schlechtes« Gewissen bekommen. Dabei ist der Maßstab für das, was wir als ein »schlechtes Gewissen« bezeichnen, von Kultur zu Kultur, von Gesellschaft zu Gesellschaft, von Mensch zu Mensch verschieden. Was in der einen Kultur oder Gesellschaft zu denken und zu fühlen erlaubt ist, ist es in der anderen nicht. Und Gedanken und Handlungen, die in uns ein »schlechtes Gewissen« auslösen, lösen bei einem anderen Menschen nur ein Achselzucken aus.

Jeder Mensch hat sein eigenes – auf seiner ganz speziellen Lebensgeschichte und seinen ganz speziellen Lebenserfahrungen basierendes – »schlechtes Gewissen«. Was bedeutet, daß unsere spontanen inneren Regungen nicht das Ergebnis einer unverfälschten und reinen Empfindung sind, sondern das Ergebnis unserer bisherigen Erfahrungen und Einstellungen. Und diese sind von Mensch zu Mensch eben grundverschieden.

In dem Moment, wo wir die spontane Empfindung eines »schlechten Gewissens« in uns verspüren, geschieht nichts anderes, als daß wir an der Schwelle zu etwas Neuem und Unbekanntem stehen. Die alte Erfahrung und Einstellung, die uns bisher in unserem Leben bewußt oder unbewußt geleitet hat, stößt nun auf die Möglichkeit, daß wir uns anders verhalten können. Es wäre jedoch falsch zu denken, daß eine bestimmte Erfahrung und Einstellung echter und wahrer ist, nur weil wir sie vor einer anderen gehabt haben.

Genug der Theorie. Übertragen wir jetzt das Wissen um die Entstehung und Ausprägung des sogenannten »schlechten Gewissens« auf die Situation, in der sich Mütter befinden, wenn sie sich mit dem Willen und den Interessen ihrer Kinder konfrontiert sehen und sich hierbei anders verhalten wollen als bisher.

Wir leben in einer Gesellschaft, die sich weniger um den geistigen und körperlichen Zustand der Mütter sorgt, sondern fast ausschließlich um den der Kinder. Die Gesellschaft geht davon aus, daß Mütter als Erwachsene schon selbst für ihre geistige und körperliche Gesundheit sorgen können. Ihnen wird von allen Seiten die Auffassung »eingeflößt«, daß das Wohl ihrer Kinder über dem der Mütter steht. Kinder werden dabei extrem verharmlosend dargestellt. U.a. werden sie als mehr oder weniger hilflos, wehrlos und seelisch zerbrechlich bezeichnet (siehe dazu: Die verhängnisvolle Macht der Erziehungsmythen). **So haben vor allen Dingen Frauen gelernt und verinnerlicht, daß Kinder nun einmal wehrlose, hilflose, seelisch zerbrechliche Wesen sind, die viel Liebe und Zuwendung brauchen. Was im Prinzip auch richtig ist. Und doch stellt es nur eine Seite des Kindes dar und verdunkelt die andere. Diese verdunkelte und zumeist übersehene und totgeschwiegene Seite erzählt eine ganz andere Geschichte. Nämlich die, daß Kinder neben ihrer Wehrlosigkeit, Hilflosigkeit, Zerbrechlicheit auch immer das Gegenteil davon sind. Sie können sich wehren, sie können sich selbst gut helfen, sie sind starke Wesen und sie setzen sich mit ihren Interessen und Wünschen gegenüber ihren Eltern oft rücksichtslos durch.**

Junge Mädchen, junge Frauen und werdende Mütter wachsen jedoch mit der von der Gesellschaft propagierten Überzeugung und »Erkenntnis« auf, daß Kinder schwache Wesen sind und die Bedürfnisse des Kindes stets Vorrang vor den Bedürfnissen der Mutter haben. Aus dieser Grundüberzeugung heraus entwickeln sich bei Müttern in vielen Fällen fast zwangsläufig mehr oder weniger folgende stillschweigende Einstellungen bzw. Überzeugungen, wie z.B.:

- Ich muß alles für mein Kind tun.
- Ich darf mein Kind nicht unter Druck setzen.
- Ich muß mein Kind grenzenlos lieben.
- Anforderungen schaden meinem Kind.

Mütter befinden sich in einer schrecklichen Zwangslage, wenn sie innerlich gegen diese Überzeugungen rebellieren, aber durch ihr »schlechtes« Gewissen davon abgehalten werden, sich wirklich gegen sie zur Wehr zu setzen (siehe dazu: Die Leiden der Mütter). Aus Angst, »falsch« zu handeln, etwas »verkehrt« zu machen, dem Kind seelischen »Schaden« zuzufügen, ertragen sie vielmehr jede Demütigung und Ausnutzung, die ihnen durch ihre Kinder widerfährt. Es wird ihnen suggeriert, wie hochempfindlich eine Kinderseele angeblich ist und wie wichtig eine – im übrigen nie zu realisierende – unbeschwerte Kindheit für die weitere Entwicklung ihrer Kinder sei. So bleibt ihnen schließlich nichts anderes übrig, als sich dem Willen ihrer Kinder bedingungslos zu unterwerfen.

Das Kind profitiert aus seiner Sicht von den gesellschaftlichen Überzeugungen seiner prinzipiellen Unantastbarkeit. Zwar kann es diese Überzeugungen im allgemeinen nicht formulieren, aber es fühlt im konkreten Umgang mit der Mutter, daß diese sich an Regeln hält, aus denen es für sich Vorteile ziehen kann.

Mütter ordnen ihr Denken, Fühlen und Handeln diesen Überzeugungen unter, die für sie außerhalb jeder Diskussion stehen, weil sie ihnen natürlich und selbstverständlich erscheinen. Diese Überzeugungen sind so tief in ihnen verwurzelt, daß sie in vielen Fällen alles in Kauf nehmen, was ihre Kinder ihnen antun. Das größte Leid kann sie nicht davon abhalten, sich ihren Kindern immer wieder zu unterwerfen. Fühlen sie (zeitweise) berechtigten Haß oder Wut auf ihr Kind, hoffen sie inbrünstig, daß es die elterliche Wohnung bald auf ewig verläßt, und verstärken mit solchen Gefühlen und Gedanken doch letztlich nur ihre Unterwerfungshaltung. Denn ein Gefühl von Haß oder Wut gegenüber dem eigenen Kind wird von ihnen zumeist als geradezu »teuflisches« Gefühl interpretiert und als ein deutliches Zeichen dafür angesehen, daß sie eine »schlechte Mutter« sind. So sind sie in einem wahren Teufelskreis gefangen, aus dem sie oft keinen Ausweg finden (siehe dazu: Die Leiden der Mütter).

Die Schlaraffenland-Mentalität

Alles hat einmal seinen Anfang genommen. Ein Kind kommt nicht als ein Schlaraffenlandkind auf die Welt. Es kommt als ein Kind auf die Welt, das überleben will. Um überleben zu können, muß es den Personen, die für es verantwortlich sind, zeigen, was und wann es etwas benötigt. Seine Bedürfnisse müssen befriedigt werden. Nach der Bedürfnisbefriedigung im Säuglingsalter geht es um die Befriedigung von Wünschen und Interessen. Das bloße Überleben steht dabei nicht mehr im Vordergrund, was das Kind aber nicht für sich entscheiden kann. Es handelt nach dem ihm bekannten Kriterium, daß es sich am wohlsten fühlt, wenn seine Bedürfnisse, Wünsche und Interessen befriedigt werden. Das ist der Maßstab seines Denkens, Fühlens und Handelns.

Doch irgendwann kommt im Leben eines Kindes der Zeitpunkt, wo es merkt, daß man ihm Widerstand entgegensetzt, ihm die Befriedigung seiner Wünsche und Interessen verweigert. In diesen Momenten beginnt das Kind zu kämpfen. Es versucht mit allen ihm zur Verfügung stehenden Mitteln, sich durchzusetzen. In diesen Phasen der Auseinandersetzung zwischen Mutter und Kind entscheidet sich, ob das Kind die größere Kraft und Ausdauer entwickelt, um sich zu behaupten oder ob die Mutter die Kraft und Ausdauer entwickelt, sich davon abzugrenzen.

Ist die Mutter ein Opfer der bereits erwähnten Erziehungsmythen und hat sie diese verinnerlicht, ist der erste Schritt zur

Verwirklichung einer Schlaraffenland-Mentalität beim Kind getan.

Die Entstehung der Schlaraffenland-Mentalität des Kindes kann dabei in drei aufeinanderfolgenden Phasen beschrieben werden:

- Phase I: Verhaltensanpassung
- Phase II: Verhaltensgewohnheit
- Phase III: Persönlichkeitsanpassung

Phase I: Die Verhaltensanpassung

Jedes Kind versucht, seine Wünsche, seine Bedürfnisse, seine Interessen gegenüber seiner Mutter bzw. den Eltern durchzusetzen. Dies ist völlig normal. Das Kind äußert seine Wünsche und erwartet, daß diese befriedigt werden. Es ist vollkommen unproblematisch, daß die Mutter in Maßen auf die Wünsche und Interessen ihres Kindes Rücksicht nimmt. Einzelsituationen, in denen die Mutter den Wünschen und Interessen ihres Kindes nachgibt, sind, für sich alleine genommen, noch kein ausreichender Grund, um schon von einer Schlaraffenland-Mentalität zu sprechen. Doch darf diese Rücksichtnahme gegenüber dem Kind nie zum Selbstzweck werden. Alles, was im Übermaß geschieht, ist für die Entwicklung eines Kindes auf Dauer schädlich.

So wird die Rücksichtnahme auf die Wünsche und Interessen des Kindes dann problematisch, wenn die Mutter vorwiegend bzw. permanent dem Willen des Kindes nachgibt. Denn dann ist es nur eine Frage von relativ kurzer Zeit, daß sich ein Kind früher oder später zu einem Schlaraffenlandkind entwikkelt.

Mütter argumentieren oft, daß sich ihre nachgiebige Haltung

gegenüber dem Willen ihres Kindes nur auf gelegentliche Einzelsituationen bezieht. Doch bei genauerer Betrachtung stellt sich meistens heraus, daß die Situationen zwar unterschiedlich sind, in denen Mütter dem Willen ihres Kindes nachgeben, doch diese unterschiedlichen Situationen gehäuft auftreten. Sobald die Mütter damit beginnen, ihr nachgiebiges Verhalten gegenüber ihren Kindern zu analysieren, fällt ihnen häufig auf, daß die von ihnen erwähnten Einzelsituationen nichts anderes sind als eine ständige Aneinanderreihung von solchen Episoden. Dies ist Müttern oft nicht bewußt. Wodurch die Gefahr entsteht, daß sich bei ihnen eine Haltung des permanenten Nachgebens entwickelt. Schließlich bemerken sie überhaupt nicht, daß sie immer mehr an Einfluß verlieren und nur noch zur Wunscherfüllerin ihres Kindes geworden sind. Außenstehende wie Freunde und Bekannte können dann oft besser beurteilen als die Mütter selbst, inwieweit sich ihr Kind in Richtung eines Schlaraffenlandkindes verändert hat. Oft ist es sinnvoll, das eigene Kind einmal von einer Außenperspektive zu betrachten, um die eigene Haltung gegenüber dem Kind überprüfen und aufgrund dessen möglicherweise verändern zu können.

Wissensfenster

Die psychischen Fähigkeiten der zehn- bis zwölfjährigen Kinder

Kinder sind nun in der Lage, ein Geschehen gleichzeitig aus ihrer eigenen Perspektive und aus der einer anderen Person zu beurteilen und zu erkennen, daß dies auch andere Personen können.
Kinder erkennen, daß viele soziale Regeln auf Übereinkünften beruhen und im Einvernehmen mit anderen verändert werden können. Blinden Gehorsam lehnen sie zunehmend ab. Sie können die Sichtweisen von anderen Menschen bei ihren Entscheidungen berücksichtigen und mit einbeziehen.

Mütter weigern sich allerdings häufig, ihre Innenper-

spektive zu verlassen, weil sie glauben, daß sie nicht das Recht haben, ihr Kind aus einer anderen Perspektive betrachten zu dürfen. Sie argumentieren, daß dies ihrer Liebe zum Kind abträglich wäre, selbst wenn sie es einmal probeweise mit einem »anderen« Blick sehen würden. Im Grunde genommen zeigt diese Argumentation jedoch nichts anderes als die Angst der Mütter vor der Realität, vor der sie sich vehement verschließen. Der Gedanke, die Illusionen, die sie sich von ihrem Kind und von der Kindheit im allgemeinen gemacht haben, aufzugeben, ist für sie unerträglich. Deshalb leiden sie lieber weiter an ihrem Kind, als dieses Leiden konstruktiv anzugehen und zu bewältigen (siehe dazu: Die Leiden der Mütter).

Das Kind selbst, das die Erfahrung macht, seinen Willen und seine Interessen immer öfter gegenüber der Mutter durchsetzen zu können, setzt zunehmend seine ganze Kraft zur Erreichung seiner Ziele und Interessen ein. Da es durch keinerlei Bedenken bezüglich seines Handelns eingeschränkt wird, verfügt es über ein enormes Kraftpotential, das dem seiner Mutter und anderer Erwachsener bei weitem überlegen ist. Es hat die Erfahrung gemacht, daß es seine Interessen durchsetzen kann, und mobilisiert hierfür alle ihm zur Verfügung stehenden Mittel.

Sehr schnell findet es die Schwachpunkte seiner Mutter heraus. Es weiß genau, wann es Sinn macht, Lärm zu machen, zu toben, zu schreien, zu bitten, das »liebe Kind« zu spielen, aufdringlich und lästig zu sein, zu diskutieren und den »Kinderbonus« zu benutzen, von dem es intuitiv weiß, daß Erwachsene ihn dem Kind zugestehen (siehe dazu: Die verhängnisvolle Macht der Erziehungsmythen).

Selbst wenn der Mutter einmal sprichwörtlich der »Kragen platzt«, weiß das Kind – intuitiv oder auch bewußt –, daß dieser Ausbruch nur ein vorübergehendes Aufbäumen gegen den unvermeidlichen Sieg und die nicht weniger unvermeidliche Überlegenheit des Kindes ist. Sollte die konsequente Haltung der Mutter wider Erwarten doch einmal länger als erwartet andauern, sind Kinder durchaus in der Lage, sich in eine Warteposition zu begeben und einen schwachen Moment der Mutter abzuwarten, um dann an der Durchsetzung ihrer Interessen beharrlich und ausdauernd »weiterzuarbeiten«. Auch kurzfristige Niederlagen, die ihnen ihre Väter unter Umständen bereitet haben, nehmen sie nicht sonderlich ernst. Denn sie wissen, daß solche Siege der Väter schon allzubald von der Mutter wieder in Siege für das Kind umgewandelt werden. Es braucht nur das gequälte, unverstandene, leidende, hilflose und abhängige Kind zu spielen, und schon wird der Vater von der Mutter als zu egoistisch, zu streng, eifersüchtig, erziehungsunfähig oder als das eigene Kind zu wenig liebend bezeichnet. Das wiederum mag den Vater dazu veranlassen, noch strenger zu werden, was jedoch die »Liebe« der Mutter nur um so mehr steigert. Hier entwickelt sich ein Teufelskreis, den Vater und Mutter nur durchbrechen können, wenn sie sich bewußt mit der Erziehung ihres Kindes und dessen kindlichen Durchsetzungsstrategien auseinandersetzen, sich über ihre unbewußten und unausgesprochenen Erziehungsmotive austauschen und daraus lernen. Ansonsten bleibt das Kind der zweifelhafte Sieger jeder familiären Auseinandersetzung.

Kinder sind begnadete Strategen. Dies sollten Mütter bei allem, was sie tun, nicht vergessen. Kinder planen intuitiv, aber nicht weniger wirkungsvoll als Erwachsene, die dafür ihren Verstand und ihre Lebenserfahrungen einsetzen (siehe dazu: Der Mythos vom wehrlosen Kind).

Je häufiger die Mutter ihrem Kind nachgibt, um so schneller gerät sie in eine machtlose Position innerhalb der Familie.

Phase II: Die Verhaltensgewohnheit

Sobald das Kind ständig die Erfahrung macht, daß sich seine Mutter nachgiebig verhält und meistens seinen Interessen unterordnet, gewöhnt es sich an diesen Zustand. Das Kind empfindet das nachgiebige Verhalten der Mutter als selbstverständlich. Es glaubt, daß es ein »Recht« auf diese nachgiebige Haltung der Mutter hat. Wenn die Mutter in dieser zweiten Phase den Versuch unternehmen würde, sich ihrem Kind zu widersetzen, würde sie die Erfahrung machen, daß sich ihr Kind vehement dagegen zur Wehr setzt. Eine Veränderung in der ersten Phase einzuleiten und durchzusetzen ist noch relativ einfach, da das Kind noch nicht die dauerhafte Erfahrung gemacht hat, daß sich das unterordnende Verhalten der Mutter ständig wiederholt. In der zweiten Phase jedoch wird das Kind den Widerstand der Mutter ignorieren bzw. durch eine Intensivierung seiner bisher erfolgreichen Methoden (z.B. noch lauter zu schreien, noch mehr zu diskutieren) versuchen, das verlorene Terrain wieder zurückzugewinnen. Beweist die Mutter in dieser zweiten Phase keine große Nervenstärke, wird sie auch den letzten Rest an Durchsetzungsfähigkeit in den Augen ihres Kindes verloren haben. **Wenn die Mutter den Kampf gegen die Schlaraffenland-Haltung ihres Kindes aufnehmen will, muß sie sich darüber im klaren sein, daß sie diesen Kampf gewinnen muß. Denn verliert sie, hat das Kind eine noch machtvollere Position gewonnen.**

Hat ein Kind eine Verhaltensgewohnheit ausgebildet, wird es versuchen, diese Verhaltensgewohnheit auch auf andere alltägliche Bereiche des Lebens auszudehnen. Ein Beispiel:

Der sechsjährige Tim ist es gewohnt, daß seine Mutter ihn anzieht, ihm die Schuhe zubindet, sein Zimmer aufräumt und ihn wäscht. Begonnen hat alles damit, daß er sich als Vierjähriger weigerte, sich anzuziehen. Er sagte einfach »Nein!« und war durch nichts zu bewegen, seinen Entschluß zu ändern. Die Mutter gab schließlich auf und beschloß, Tim jeden Morgen anzuziehen, umzuziehen und auszuziehen (Phase I). Für Tim wurde dies mit der Zeit zur Selbstverständlichkeit (Phase II). Es dauerte nicht länger als ein paar Wochen, und Tim weigerte sich, sein Zimmer aufzuräumen. Er sagte einfach »Nein!« Die Mutter, der deutlich war, daß Tim seinen Entschluß von sich aus unter keinen Umständen wieder ändern würde, resignierte. Von nun an räumte sie auch sein Zimmer auf. Mit der Zeit dehnte Tim sein »Nein« auf weitere Bereiche des Alltags aus.

Wissensfenster

Die psychische Entwicklung der zwölf- bis fünfzehnjährigen Kinder

Kinder werden immer sensibler für die Komplexität der Welt und für die Widersprüchlichkeiten in ihr. Sie begreifen, daß das Verhalten eines Menschen nicht nur von seinen persönlichen Eigenschaften, sondern auch von den jeweils erlebten Situationen abhängt.

Freundschaften zu Gleichaltrigen werden mehr und mehr unter dem Aspekt des gegenseitigen Verstehens und des Austausches von Gedanken und Gefühlen gelebt.

Sie denken zunehmend logischer und sind dazu in der Lage, Glaubenswerte auf ihren logischen Gehalt hin zu überprüfen. Sie können ihr eigenes Denken und Fühlen reflektieren.

Sie suchen nach eigenen Werten, sind Selbstzweifeln unterworfen, sie beginnen, die Werte und Weltsichten ihrer Eltern und anderer Personen zu kritisieren und in Frage zu stellen.

Aber nicht nur Kinder durchlaufen die einzelnen Phasen. Die Mütter durchlaufen sie gleichzeitig mit ihren Kindern. Sie machen die Erfahrung, daß ihr Kind in vielen Einzelsituationen seine Interessen durchsetzt und erleben sich dann selbst als machtlos. Irgendwann wird es für diese Mütter zur Selbstverständlichkeit, daß sie ihren Kindern gegenüber machtlos sind. Sie wehren sich kaum noch oder überhaupt nicht mehr gegen die Schlaraffenland-Haltung ihrer Kinder. Sie resignieren. Mit der Zeit reden sie sich häufig ein, daß ihr Verhalten ganz natürlich ist, daß Kinder nun einmal so sind und daß Mütter die Verpflichtung haben, dies alles zu ertragen. Jetzt ist der Moment, wo ihr nachgiebiges Verhalten und die Gewohnheit, die daraus resultiert, Teil der Persönlichkeitsstruktur der Mutter wird. Und dem Kind sind Tür und Tor geöffnet, es sich voll und ganz in der eigenen Schlaraffenland-Haltung bequem zu machen und seinerseits eine Schlaraffenland-Mentalität auszubilden und damit eine Schlaraffenland-Persönlichkeit zu werden.

Phase III: Die Persönlichkeitsanpassung

Nachdem sich das Kind an das nachgiebige und unterordnende Verhalten der Mutter gewöhnt hat, ist es unbewußt der Überzeugung, daß es ein »natürliches Recht« darauf hat, von der Mutter verwöhnt und bedient zu werden, und daß die Mutter nur dazu existiert, um seine Wünsche zu erfüllen. **Die Mutter ist zur »Sklavin« degradiert – für das Kind jetzt ein normaler und natürlicher Zustand.** In diesem Bewußtsein wächst es auf und kann überhaupt nicht mehr nachvollziehen, daß die Mutter – wenn überhaupt – wagt, sich gegen ihr Sklavinnendasein zu wehren. Beim Kind hat sich die Schlaraffenland-Mentalität entwickelt, so wie sich bei der Mutter parallel dazu die »Sklavinnen-Mentalität« ausgebildet hat.

Eine Rückbildung der Schlaraffenland-Mentalität beim Kind zu initiieren gehört wohl zu den schwersten Aufgaben, die man sich in der Erziehung vorstellen kann. Denn hier geht es nicht mehr darum, ein Verhalten oder eine Gewohnheit verändern zu wollen, sondern eine geistige Einstellung, die sich so sehr im Kopf eines Kindes verfestigt hat, als hätte man sie mit dem Kopf des Kindes »verschweißt«. Auch in dieser Phase ist es nicht unmöglich, ein Schlaraffenlandkind zu verändern. Es ist jedoch wesentlich schwerer geworden. Denn es kommt hinzu, daß auch die Mutter parallel zur Schlaraffenland-Mentalität ihres Kindes eine dementsprechende Sklavinnen-Mentalität entwickelt hat.

Soll also die Schlaraffenland-Mentalität des Kindes aufgelöst werden, muß parallel dazu die Sklavinnen-Mentalität der Mutter aufgelöst werden. Was bedeutet, daß die Mutter sich selbst in ihrer geistigen Haltung verändern muß, bevor darangegangen werden kann, das Kind anders zu erziehen (siehe dazu: Die verhängnisvolle Macht der Erziehungsmythen).

Wissensfenster

Alles, war wir Menschen denken, fühlen und wie wir handeln, ist das Resultat unserer ganz persönlichen Lebens- und Lerngeschichte. Alles, womit wir im Leben beginnen, beginnt mit einem bestimmten Verhalten, das dann zu einer Gewohnheit und schließlich zu einem Teil unserer Persönlichkeit wird. Unser Verhalten und unsere Gewohnheiten prägen uns entscheidend. Graphisch kann dies an einer auf den Kopf gestellten Pyramide dargestellt werden:

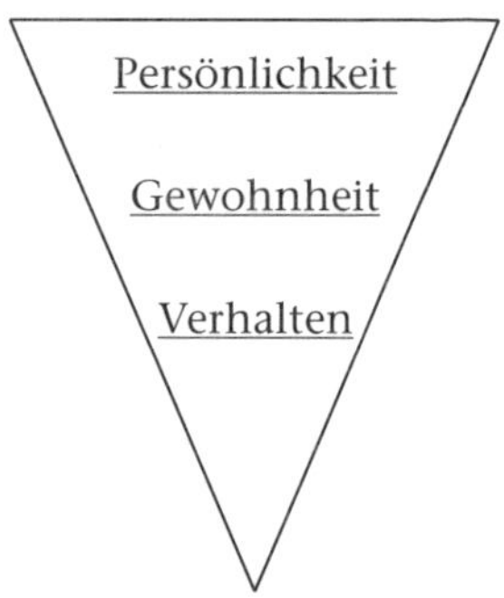

Die Entwicklung einer Mentalität vollzieht sich schleichend. Sie geschieht nicht abrupt. Aus diesem Grunde kann man sich dagegen auch nur schwer wehren. Sehen Mütter ihr unterordnendes und nachgiebiges Verhalten als natürlichen Bestandteil ihres erzieherischen Vorgehens, gibt es keine Ansatzpunkte, um die Schlaraffenland-Mentalität des Kindes aufzuheben. Denn die Mütter betrachten ihr Kind nicht als Schlaraffenlandkind und sich selbst nicht als Sklavinnen (siehe dazu: Die Leiden der Mütter). Selbst dann nicht, wenn in der privaten Umgebung auffällig geworden ist, wie rücksichtslos sich die Kinder einer solchen Mutter gegen diese und andere Erwachsene aufführen. Die fünfjährige Nadine beispielsweise hat es sich zur Gewohnheit gemacht, ihre Mutter zu boxen und anzurempeln, wenn sie wütend ist oder nicht genug Beachtung findet. Sie boxt auch die Freunde und Freundinnen ihrer Mutter. Sie macht hierbei keinerlei Unterschiede. Obwohl die Freunde und Freundinnen die Mutter gebeten haben, ihr Kind davon abzuhalten, reagiert sie nicht. Sie versteht nicht, was die anderen von ihr wollen. Da sie sich an das Verhalten von Nadine gewöhnt und es als natürlich akzeptiert hat, erscheinen ihr die Aufforderungen ihrer Freunde und Freundinnen als »unreif« und »kinderfeindlich«. Durch nichts war diese Mutter dazu zu bewegen, ihre Position in Frage zu stellen. Für sie stand außer Frage, daß ihr Verhalten richtig und das der anderen falsch war und ist.

Zusammenfassend kann zu diesem Kapitel gesagt werden, daß die Bildung der Schlaraffenland-Mentalität beim Kind zum einen Folge des unterordnenden und nachgiebigen Verhaltens der Mutter dem Kind gegenüber ist. Zum anderen ist es aber auch die Entscheidung des Kindes, die Mutter im Hinblick auf ihre Unterwerfung und Nachgiebigkeit bewußt auszunutzen. Denn sobald es die Fähigkeit erlangt, zwischen mindestens zwei Verhaltensweisen zu unterscheiden, die bequemere davon im häuslichen Umfeld ausführt und die unbequemere im au-

ßerhäuslichen Bereich praktiziert, mißbraucht es aktiv die eigene Mutter.

Macht man sich die wechselseitige Beziehung zwischen den obigen Motiven der Mutter und den Motiven des Kindes deutlich, kann hierbei nicht mehr einseitig von der »Schuld« bzw. der »Erziehungsunfähigkeit« der Mutter gesprochen werden. Beide – Mutter und Kind – sind zugleich Täter und Opfer. Beide entscheiden sich für ein bestimmtes Verhalten, das der Unterwerfung und das des Mißbrauchs. In ihrer gegenseitigen Ergänzung erschaffen beide erst das Problem, das hier als das Schlaraffenland-Syndrom – als ein Zusammentreffen verschiedener Symptome – bezeichnet wird.

Die Auswirkungen der Schlaraffenland-Erziehung

Die Zukunft des Schlaraffenlandkindes

Schlaraffenlandkinder haben gelernt, daß sie der Mittelpunkt der Welt sind. Werden sie von ihren Eltern, insbesondere von ihren Müttern, wie Könige und Königinnen behandelt, entwickeln sie früher oder später die Einstellung, daß sich die Welt nach ihnen richten muß. Sie fühlen sich als etwas Besonderes, aber dies auf eine Weise, die ihrer weiteren psychischen Entwicklung mehr als abträglich ist.

Kinder, die ihren Platz in der Welt nicht erobern müssen, sondern ihn geschenkt bekommen, haben als Erwachsene große Schwierigkeiten, sich in der Welt zu behaupten. Denn die Welt richtet sich nicht nach ihren Erfahrungen und Erwartungen. Hier herrschen andere Regeln vor. Jugendliche und Erwachsene, die eine Schlaraffenland-Mentalität haben, müssen sich früher oder später diesen anderen Regeln stellen. Einige wachsen daran, andere zerbrechen an ihnen.

Das Leben von Schlaraffenland-Geschädigten ist durch folgende Problembereiche besonders gekennzeichnet:

- Beziehungsunfähigkeit
- Mangelhaftes Sozialverhalten
- Passivität
- Überzogene Durchsetzungsstärke
- Erhöhte Suchtanfälligkeit
- Konsumorientierung
- Unselbständigkeit
- Unrealistische Selbstüberschätzung

Diese Problembereiche geben gleichzeitig auch die *Typologie* der Schlaraffenland-Geschädigten – wie sie hier genannt werden soll – wieder. Die Typen sind nicht klar voneinander zu trennen, dennoch werde ich sie zur besseren Verständlichkeit für den Leser in dieser Form nacheinander vorstellen. Viele Typen gehen ineinander über. Oft kristallisiert sich bei einem Schlaraffenland-Geschädigten jedoch ein Schwerpunkt heraus, der es ermöglicht, ihn einem dieser Typen primär zuzuordnen.

Typ 1: Die Beziehungsunfähigkeit

Als Erwachsene fällt es Schlaraffenland-Geschädigten oft sehr schwer, feste und intensive zwischenmenschliche Bindungen – insbesondere zu Beziehungspartnern – einzugehen und aufzubauen. In eher unverbindlichen Beziehungen fallen sie in der Regel nicht weiter auf. Sie können bei Freunden, Bekannten, Arbeitskollegen sehr beliebt sein. Sie zeigen sich sozial, nehmen Rücksicht auf andere und bringen ihnen Zuneigung entgegen.

Tauchen jedoch in diesen unverbindlichen Beziehungen Probleme auf, die eine intensive Auseinandersetzung mit anderen Menschen erforderlich machen, ist der Schlaraffenland-Geschädigte meist überfordert. Denn er besitzt im allgemeinen keine positive Streitkultur, d.h. er kann sich nicht konstruktiv mit anderen Menschen und Problemen auseinandersetzen. Er ist gewohnt, daß das, was er will, (sofort) geschieht, mit wenig oder überhaupt keinem Widerstand oder keiner Widerrede. Das Schlaraffenlandkind und später der Schlaraffenland-Jugendliche mußte sich niemals ernsthaft mit Problemen und anderen Menschen – insbesondere der Mutter – auseinandersetzen. Was sie wollten, bekamen sie.

Freiwillig und schnell. So haben sich das Kind und der Jugendliche in ihrem bisherigen Leben behaupten können, ohne sich jemals wirklich anstrengen zu müssen.

Oft führen die Probleme, die in eher unverbindlichen Beziehungen zutage treten, zu Beziehungsabbrüchen. Diese Beziehungen sind für den Schlaraffenland-Geschädigten nicht mehr interessant. Sie sind es nur, wenn die Beziehungen reibungslos funktionieren, man »Spaß« mit dem anderen hat. Tiefergehende Beziehungen sind nicht gefragt.

Zu massiven Beziehungsschwierigkeiten kommt es dann, wenn sich aus relativ unverbindlichen Beziehungen Paarbeziehungen herauskristallisieren. Zunächst jedoch verläuft in einer solchen Beziehung alles zufriedenstellend. In der Phase der Verliebtheit ist der Schlaraffenland-Geschädigte durchaus in der Lage, sich kurzfristig sehr aufmerksam und einfühlend zu verhalten. Je enger die Beziehung allerdings wird, um so problematischer wird sie.

Schlaraffenland-Geschädigte erwarten von ihren jeweiligen Partnern früher oder später, daß sie ihnen die gleiche Aufmerksamkeit schenken wie einst ihre Mütter. Ein Leben lang suchen sie oft vergeblich nach der Liebe, die ihnen ihre Mütter einstmals bedingungslos gewährt haben, und sind mit nichts zufrieden, was dieser Liebe nicht entspricht. Nichts anderes kennen sie. Nichts anderes wollen sie. Der andere soll und muß ihre Ansprüche erfüllen. Diese vom anderen erwartete Liebe soll bedingungslos sein: alles ertragend, nichts fordernd und grenzenlos verständnisvoll. Sie fordern mehr oder weniger offensiv die Wiederbelebung der Beziehungen von ihren Partnern ein, die sie aus ihrer Kindheit kennen. Sie suchen einen Partner, der im Verhalten der Mutter gleicht. Sie wollen einen Partner, der ihnen die gleiche »Liebe« entgegenbringt, wie ihre Mutter es einst tat. Und sie glauben, daß ihnen diese Liebe zusteht. Sie selber können diese Liebe allerdings nie geben, denn sie waren im Laufe ihres Lebens nie die Gebenden, sondern nur die Nehmenden (siehe dazu: Der Mythos von der grenzenlosen Liebe).

Aber selbst wenn sie einen Partner finden, der ihren Kriterien entspricht, wird sie dies auf Dauer nicht befriedigen, denn durch die in ihrer Kindheit erworbene Maßlosigkeit und Ichbezogenheit fordern sie immer mehr von dieser Liebe von ihrem jeweiligen Partner ein. Doch kein Mann und insbesondere keine emanzipierte Frau wird sich einem Schlaraffenland-Geschädigten so vollständig unterordnen, wie deren Mütter es einst bei ihnen bedingungslos getan haben. Die Lebenskonflikte sind vorprogrammiert und sie sind nur schwer lösbar.

Bei Männern zeigt sich die Wiederbelebung der alten Kindheitsbeziehung zur Mutter in der aktuellen Partnerschaft im sogenannten Pascha-Verhalten, bei Frauen im Prinzessinnen-Verhalten.

Ein Beispiel für typisches Pascha-Verhalten als Folge einer Schlaraffenland-Erziehung ist das Verhalten von Herrn K. (35 Jahre). Nachdem er mit 23 Jahren seine Frau geheiratet hat, hat er sich sehr schnell zu einem Haus-Tyrannen entwickelt, dem es vorwiegend darauf ankommt, daß seine Frau den Dreck wegräumt, den er ihr hinterläßt.

Herr K. ist selbständiger Dreher von Beruf. Wenn er zum Mittagessen nach Hause kommt, will er auf dem Eßtisch eine weiße Stoffdecke sehen. Unbekümmert stützt er sich in seiner Arbeitskleidung mit beiden Ellbogen auf der Decke ab. Darauf bleiben Flecken von seinem Arbeitskittel zurück. Als seine Frau keine Lust mehr hat, die Decke ständig zu waschen, beschließt sie, eine Wachsdecke auf den Eßtisch zu legen. Ihr Mann protestiert. Er ist eine Stoffdecke gewöhnt und besteht darauf.

Herr K. hat die seltene Angewohnheit, seine Hemden auf

eine außergewöhnliche Art und Weise auszuziehen. Er öffnet nicht die Knöpfe, sondern reißt sich das Hemd auf. Seine Frau darf dann die Knöpfe wieder annähen. Des weiteren läßt er seine Kleidungsstücke dort auf dem Boden liegen, wo er sie gerade ausgezogen hat. Wenn er ein Glas Wasser auf seinen Nachttisch stellt, bleibt es selbstverständlich so lange dort stehen, bis seine Frau es abräumt. Seine Frau findet diese Eigenarten ihres Mannes nicht gerade angenehm. Da sie ihn aber liebt, gibt sie ihnen nach.

Ein Beispiel für das Prinzessinnen-Verhalten ist Frau S. (27 Jahre). Frau S. sucht seit Jahren einen Mann, der sie über alles liebt. In ihrer Kindheit bekam sie alles, was sie wollte. Mit Männern hat sie bisher immer nur Pech gehabt. »Sie lieben mich nicht richtig!« sagt sie und weist darauf hin, daß Männer nicht genug für sie tun. In der Phase der Verliebtheit kann sie sich über die Aufmerksamkeit, welche die Männer ihr schenken, nicht beklagen. Aber sobald die Beziehung Teil des Alltags wird, fühlt sich Frau S. von ihren jeweiligen Beziehungspartnern stark vernachlässigt. Sie kümmern sich nicht mehr genügend um sie. Schließlich beendet sie die Beziehung zu ihnen. In den letzten vier Jahren hatte sie zwölf Beziehungen, die nie nennenswert über das Stadium des Verliebtseins hinausgegangen sind.

Der perfekte Mann für sie ist derjenige, der ihr ununterbrochene Aufmerksamkeit schenkt, ihr regelmäßig Geschenke macht und ihr die Langeweile vertreibt. Sie läßt sich von dieser Vorstellung nicht abbringen. Sie ist davon überzeugt, daß es diesen Mann geben muß, und sie wird nicht aufhören, nach ihm zu suchen. Die Mutter von Frau S. unterstützt ihre Tochter dabei. Sie will nur das Beste für ihr Kind. Frau S. leidet darunter, daß sie keine feste Beziehung hat. Aber sie sieht das Problem nicht bei sich, sondern ausschließlich bei den anderen. Sie selbst findet sich »in Ordnung« und kann nicht verstehen, daß Männer sich ihr gegenüber so egoistisch verhalten können.

Herr K. und Frau S. sind typische Beispiele für ehemalige Schlaraffenlandkinder. Rücksichtnahme kennen sie nicht, nur in der Form, daß man sie ihnen gegenüber zu nehmen hat. Zu sehr ist ihr »Realitätssinn« von ihrer »schönen« Kindheit getrübt, um zu bemerken, daß sie ihre Schlaraffenland-Phantasien in der realen Welt nicht verwirklichen bzw. sie diese nur über die totale Selbstaufgabe des Partners erreichen können. Davon ausgehend, daß andere Menschen nur dazu da sind, um es ihnen recht und schön zu machen, begreifen sie nicht, daß Menschen – insbesondere ihre Beziehungspartner – andere, d.h. eigene, Interessen haben könnten, als nur, sie glücklich zu machen. Die Befriedigung der eigenen Lust steht für sie immer an erster Stelle. Der andere Mensch ist damit mehr Objekt für sie, als ein tatsächliches Gegenüber mit zu berücksichtigenden Gefühlen und Interessen.

Typ 2: Das mangelhafte Sozialverhalten

Die Mütter von Schlaraffenlandkindern werden von diesen nur selten mit Respekt und Achtung behandelt. Schlaraffenlandkinder benehmen sich zu Hause in der Regel ausgesprochen unsozial, im eigenen Freundeskreis hingegen sind sie oberflächlich sozial eingestellt (siehe dazu: Typ 1).

Die zwanzigjährige Tina z.B. kennt den Unterschied zwischen Mein und Dein bei sich zu Hause nicht. Sie benutzt die Sachen ihrer Mutter, ohne zu fragen und telefoniert, ohne auf die Kosten zu achten. Sie räumt die Küche der Mutter nicht auf, wenn sie sich etwas zu essen macht. Sie hat ein Vorrecht bei der Benutzung der Toilette. Sie läßt ihre Launen an ihrer Mutter aus. Und sie fühlt sich im Recht. Sie weiß überhaupt nicht, warum die Mutter sich »immer so aufregt«. Benutzt die Mutter jedoch einmal ihren Fön oder ihr Duschgel, hält sie es für eine Riesenunverschämtheit. Ist der Wagen von Tina defekt, nimmt sie den der Mutter. Natürlich ohne sie vorher um Erlaubnis zu fragen. Als die Mutter Tinas Verhalten nicht mehr aushält, beschließt sie eine einschneidende Maßnahme. Das zweite Telefon in der Küche kommt weg. Es bleibt nur noch ein Telefon übrig. Das befindet sich in ihrem Wohnzimmer. Aber dank einer sechs Meter langen Schnur befindet sich das Telefon mehrere Tage später vorwiegend im Zimmer der Tochter. Die Mutter ist ratlos. Ihre einzige Hoffnung ist der angekündigte Auszug der Tochter in ein paar Monaten.

Im Umgang mit ihren Freunden und Arbeitskollegen ist Tina hingegen sehr sozial. Sie fragt um Erlaubnis, wenn sie etwas von ihnen möchte und ist eine vorbildliche und fürsorgliche Kinderkrankenschwester.

Da die Schlaraffenland-Geschädigten vom Typ 2 im Laufe ihrer Kindheit die Erfahrung gemacht haben, daß ihnen weitestgehend alles erlaubt war und sich die Mütter ihnen in den meisten Belangen unterordneten, ist es für sie selbstverständlich und natürlich, daß sie auf ihre Mütter keine Rücksicht zu nehmen brauchen.

Daß sie anderen Menschen (eine gewisse) Rücksichtnahme, Achtung und Respekt entgegenbringen, zu Hause dazu aber überhaupt nicht fähig sind, fällt ihnen in der Regel nicht auf.

So gesehen leben Schlaraffenlandkinder auch später als Jugendliche und Erwachsene in zwei verschiedenen Welten: In der Welt des Zuhause und der Welt des Draußen. Zu Hause – und dies schließt das Zusammenleben mit einem Partner ein (Typ 1) – nehmen sie sich rücksichtslos alles, was sie für die Befriedigung ihrer Bedürfnisse benötigen und setzen ihre Interessen durch. Jegliche Versuche der Mütter, sich gegen die immer maßloser werdenden Jugendlichen und jungen Erwachsenen zur Wehr zu setzen, werden durch deren Ignoranz im Keim erstickt. Auf die Auflehnungsversuche der Mutter reagieren sie mit totalem Unverständnis. Sie begreifen nicht, was die Proteste und Beschwerden der Mutter überhaupt sollen. Da sie von ihrer Kindheit an – wenn überhaupt – nur in den seltensten Fällen auf ihre Mutter Rücksicht genommen haben, ist ihr Verhalten aus ihrer Sicht vollkommen normal.

Typ 3: Die Passivität

Jugendlichen und Erwachsenen, die in ihrer Kindheit von ihren Müttern stark verwöhnt und verzärtelt worden sind, fehlt es an Durchsetzungsstärke. Die Mütter haben es ihnen immer leicht gemacht. Sie gaben ihnen freiwillig, was sie von ihnen wollten. So mußten sich die Kinder nie ernstlich gegenüber ihren Müttern behaupten. Sie konnten sich »frei« und nach ihrem Willen entwickeln. Ihre Lust- und Unlustempfindungen haben sie nie disziplinieren müssen.

Die Schlaraffenland-Geschädigten vom Typ 3 begeistern sich beispielsweise schnell für eine Sportart, für einen Beruf, für ein Hobby. Doch sie gelangen dabei nur selten über das Erlernen von diesbezüglichen Grundfertigkeiten hinaus. Sobald sie sich anstrengen müssen, um Leistungen zu erbringen bzw. um ihre gewonnenen Grundfertigkeiten auszubauen, verlieren sie das Interesse oder – besser formuliert – *die Lust* an der jeweiligen Tätigkeit.

Der Fall des sechszehnjährigen Mario ist ein Paradebeispiel für die extreme Durchsetzungsschwäche eines Schlaraffenland-Geschädigten.

Mario hatte seit seiner Einschulung Schwierigkeiten in der Schule. Er konnte sich immer sehr schlecht auf den Unterricht konzentrieren. Nach einer anfänglichen Begeisterung für den Unterrichtsstoff oder einen neuen Lehrer begann er sich sehr schnell zu langweilen. Sobald er merkte, daß er sich anstrengen und über einen längeren Zeitraum konzentrieren mußte, verlor er schnell das Interesse am jeweiligen Unterrichtsstoff.

Seit seinem zehnten Lebensjahr ist Mario fast zwei Dutzend Sportvereinen beigetreten. Bereits nach ungefähr drei bis vier Wochen verlor er jedoch das Interesse an der jeweiligen Sportart und ging nicht mehr zum Training. Er möchte alles sofort können und haben.

Auch mit Mädchen hat er seine Schwierigkeiten. Willigen sie nicht sofort ein, sich mit ihm zu verabreden, gibt er seine Bemühungen um das Mädchen auf und beschimpft sie als »blöde Weiber«. Daß er von der Hauptschule auf die Realschule wechseln konnte, war nur unter dem größten Einsatz der Eltern, der Nachhilfelehrer und verständnisvoller Lehrer möglich. Im Umgang mit anderen Menschen wirkt Mario sehr schlapp und immer ein wenig genervt und mürrisch. Anstrengungen sind ihm zuwider. Er lernt für die Schule nur aus dem Grund, weil ihn seine Eltern unter Druck setzen. Freiwillig würde er sich dem »ganzen Horror« nicht unterziehen.

Die Passivität von Schlaraffenlandkindern wird durch den Fernsehkonsum noch weiter verstärkt. Nur unwesentlich haben sie sich im Laufe ihres jungen Lebens mit wirklichen Menschen auseinandergesetzt bzw. auseinandersetzen müssen. Die Filmwelt ist ihre Welt. In ihren Phantasien sind sie die großen Helden, welche die Welt retten. Konfrontiert mit echten Schwierigkeiten in der Realität, flüchten sie vor dieser Realität.

Ihr Leben als Erwachsene unterscheidet sich nicht sonderlich von ihrem Leben als Kind und als Jugendlicher. Sie sind nur unter großen Anstrengungen dazu fähig, ihren privaten und beruflichen Verpflichtungen nachzukommen. Viel lieber träumen sie vom großen Glück und vom leichten, unbeschwerten Leben.

Typ 4: Die überzogene Durchsetzungsstärke

Der extrem durchsetzungsstarke Schlaraffenland-Geschädigte setzt seine Interessen gegenüber anderen Menschen rücksichtslos durch. Nur er selbst steht im Vordergrund. Die anderen Menschen sind lediglich dazu da, um seinen Wünschen und seinen Interessen zu dienen. Er hat in der Kindheit gelernt, sich gegenüber einer Mutter durchzusetzen, die ihm oft Widerstand entgegensetzte, letztlich aber am Willen ihres Kindes bzw. des Jugendlichen scheiterte.

Typ 4 hat auch in der Schule gelernt, sich gegenüber anderen Kindern durchsetzen. Für ihn gibt es kaum Kompromisse. Er entwickelt sich leicht zum Tyrannen, der durch seine Sturheit und Ignoranz seine Wünsche und Interessen durchsetzen will und durchsetzen kann. Wenn dieser Typ bemerkt, daß sich ihm andere Menschen widersetzen, versucht er alles, um sie auszuschalten. Für ihn ist es »gottgegeben«, daß die anderen Menschen ausschließlich für ihn da sein müssen. Er ist ein ausgesprochener Machtmensch. Etwas diplomatischer veranlagte Personen vom Typ 4 verstehen es, die Befriedigung ihrer Interessen hinter einer sozialen Maske zu verbergen. Doch auch hier geht es letztlich nur darum, Interessen durchzusetzen. Beide Varianten des Typ 4 sind insbesondere in solchen Berufen anzutreffen, wo es darum geht, gegenüber anderen Menschen Macht auszuüben.

Herr P. (45 Jahre) ist Geschäftsführer einer großen Firma. Er hat sich seinen Weg zur Führungsspitze hart erkämpft. In seiner Familie gibt es große Probleme. Seine Frau und seine Kinder leiden unter seinem autoritären Verhalten. Sie müssen sich stets nach seinen Wünschen und Vorstellungen richten. Abweichungen akzeptiert er nicht. Schon als kleiner Junge hat er seine Ursprungsfamilie beherrscht. Er war das eigentliche Oberhaupt in der Familie. Mittlerweile hat Herr P. auch Schwierigkeiten in seiner Firma. Sein autoritärer Führungsstil wird zunehmend angezweifelt. Herr P. ist das Herrschen und Befehlen gewohnt. Zu Kompromissen ist er nicht fähig. Seine Frau will sich von ihm scheiden lassen. Er glaubt, es ihr verbieten zu können. Sich selbst in Frage zu stellen lehnt er rigoros ab. Er sieht sich im Recht und versteht nicht, wie seine Familie und seine Kollegen im Betrieb ihn dermaßen schlecht behandeln können.

Typ 5: Die erhöhte Suchtanfälligkeit

Schlaraffenland-Geschädigte vom Typ 5 haben in der Regel nur ein schwach ausgeprägtes Selbstbewußtsein. Von ihren Müttern verwöhnt und verzärtelt, haben sie es auch nie nötig gehabt, ein starkes Selbstbewußtsein zu entwickeln (vgl. dazu: Typ 3). Sie haben die Harmonie, die in ihrer Familie herrschte, die große Rücksicht, die auf sie genommen wurde, genossen. Sie fühlten sich in ihren Familien geliebt, geborgen und sicher. Selbstverständlich sind dies wichtige und durchweg positive Erfahrungen, die ein Kind in jeder Familie machen sollte. Doch im Falle des Schlaraffenlandkindes geht das Erleben von Liebe, Geborgenheit und Sicherheit zu Lasten seiner Fähigkeit, sich in der Welt zu behaupten und damit angemessen mit Problemen und Lebensschwierigkeiten auseinanderzusetzen. Die Mutter hat ihm als Kind seine (Lebens-)Probleme geradezu aus dem Weg räumt. Es wird alles harmonisiert, und jeder echten und gesunden Auseinandersetzung wird aus dem Weg gegangen. Jede Unlustreaktion des Kindes wird durch die Zärtlichkeit und das Verständnis der Mutter ausgeglichen, so daß das Kind nicht lernt, mit unbefriedigenden Impulsen, mit Verweigerungen, mit eigenem Versagen umzugehen. Es entwickelt keine eigenen hilfreichen Lösungsmöglichkeiten. Es kann sich zu keinem selbständigen Wesen entwickeln.

Wachsen Schlaraffenlandkinder vom obigen Typus in einem dermaßen überbehüteten familiären Umfeld zu Jugendlichen und Erwachsenen heran, merken sie sehr schnell, daß ihnen die Welt »da draußen« nicht die gewohnte und vertraute Geborgenheit und Sicherheit liefern kann. Auf sich allein gestellt und ohne den schützenden Rahmen der Familie, erleben sie diese Welt als bedrohlich und gefährlich. Ohne diese Geborgenheit und Sicherheit fühlen sie sich leer und verloren. Um diesen Mangel auszugleichen, flüchten sie in die Scheinwelten des Fernsehens oder neigen zu Depressionen. Wieder andere versuchen das fehlende Gefühl von Sicherheit und Geborgenheit durch den Gebrauch von Suchtmitteln, wie z.B. durch Alkohol, illegale Drogen oder durch andere Süchte wie u.a. Spielsucht oder Kaufsucht zu kompensieren. Der Konsum von Drogen oder die Befriedigung anderer Süchte ermöglicht den Betroffenen für eine kurze Zeit, der grausamen Realität der Welt zu entfliehen, vorhandene Unlustgefühle zu unterdrücken bzw. aufzuheben oder Lustgefühle zu erzeugen bzw. zu verstärken.

Eine weitere Variante, um die Sehnsucht nach Geborgenheit und Sicherheit zu befriedigen, läßt sie sich einer Gemeinschaft von Menschen anschließen, die diese Ideale zu verkörpern scheinen. Sie schließen sich Sekten an, die ihnen genau das versprechen, was sie in ihrem eigenen Leben vermissen.

Die Verantwortung übernehmen andere Menschen für sie, die sie physisch und psychisch versorgen.

Typ 6: Die Konsumorientierung

Schlaraffenland-Geschädigte sind vorwiegend konsumorientiert und passiv in ihrem Verhalten (vgl. dazu: Typ 3). Sie erwarten, daß andere für sie sorgen und ihnen das geben, was sie für ihre Unterhaltung und Konsumbefriedigung brauchen. Warten ist hierbei ein Begriff, der für sie nicht existiert. Sie wollen den Genuß, und zwar sofort.

Der achtundzwanzigjährige Dennis wohnt noch bei seinen Eltern. Bisher hat er noch nie längere Zeit gearbeitet. Nach einer abgebrochenen Lehre versorgt ihn die Mutter mit allem, was er braucht. Sie gibt ihm Geld, wäscht seine Wäsche, macht ihm das Essen. Sie verzichtet auf ihren Wagen, wenn ihr Sohn ihn braucht. Dennis gefällt sein Leben. Er macht keinerlei Anstalten, sich eine neue Lehrstelle zu suchen. Für ihn könnte das immer so weitergehen (siehe dazu: Typ 8).

Schlaraffenland-Geschädigte erwarten, daß man ihre Wünsche erfüllt, ohne daß sie selbst etwas dafür tun müssen. Sich etwas zu erarbeiten, eine Leistung zu erbringen ist für sie kaum nachvollziehbar. Sie träumen davon, sofort reich zu werden, ohne daß sie dafür arbeiten und Verzicht üben müssen. Wenn sie bemerken, daß ihre Wünsche mit der Realität nicht in Übereinstimmung gebracht werden können, geraten sie nicht selten auf die »schiefe Bahn«. Sie wollen sich mit einem Schlag das beschaffen, wofür andere ein Leben arbeiten müssen. Da sie nie gelernt haben, sich einen Platz im Leben zu erobern und sich dafür körperlich wie geistig anzustrengen, befinden sie sich schließlich in einer für sie ausweglosen Situation. Sie resignieren. Nicht wenige von ihnen geraten in das Drogenmilieu, um sich ein scheinbares Gefühl von Stärke und Zufriedenheit zu verschaffen (vgl. dazu: Typ 5).

Typ 7: Die Unselbständigkeit

Unselbständige Schlaraffenland-Geschädigte haben nie gelernt, sich eigenverantwortlich zu verhalten. Im Extremfall beherrschen sie nicht einmal die Grundregeln der Selbstversorgung.

So z. B. der vierundvierzigjährige Herr M. Seine Mutter ist gestorben. Er hat die elterliche Wohnung nie verlassen. Seine siebenundsiebzigjährige Mutter hat immer für ihn gesorgt. Sie hat für ihn gekocht, seine Wäsche gewaschen, sein Zimmer in Ordnung gehalten. Herr M. ist Techniker beim Rundfunk. Seine Arbeit erledigt er gewissenhaft. Als die Mutter starb, blieb er in der elterlichen Wohnung wohnen. Er versorgte sich mit Dosengerichten und kaufte sich ständig neue Hemden, da er nicht wußte, wie eine Waschmaschine zu bedienen ist. Eine mitleidige Nachbarin – eine fünfundsechzigjährige Frau, deren Mann vor einigen Jahren gestorben war – erbarmt sich schließlich seiner. Sie versorgt Herrn M. mit allem, was er benötigt. Seine Mutter vermißt er sehr. Obwohl er wieder versorgt wird, weiß er nicht, wie er ohne seine Mutter weiterleben soll.

Unselbständige Schlaraffenland-Geschädigte haben in ihrem Leben nie gelernt, für sich selbst zu sorgen. Auf sich allein gestellt, sind sie kaum »überlebensfähig«. Sie brauchen andere Menschen, die ihnen sagen, was sie tun sollen und wie sie es tun sollen.

Auch wenn Fälle, wie der gerade geschilderte, eher selten zu beobachten sind, zeigen sie auf, wie stark die Abhängigkeit von der Versorgung durch andere Menschen bei ihnen werden kann.

In der Regel sind Schlaraffenland-Geschädigte – trotz Verwöhnung und Verzärtelung in ihrer Kindheit und Jugend – durchaus dazu in der Lage, sich relativ selbständig zu verhalten. Trotzdem haben sie immer ein starkes Bedürfnis danach, versorgt zu werden. Mit Vorliebe suchen sie sich solche Partner, die diese Bedürfnisse erfüllen bzw. sich ihnen annähern. So neigen sie verstärkt dazu, andere auszunutzen und ihre Bequemlichkeit auf deren Kosten auszuleben. Und nicht selten finden sie Partner, die sie wie in ihrer Kindheit und Jugend versorgen.

Typ 8: Die unrealistische Selbstüberschätzung

Die teilweise erschreckende Arroganz und Überheblichkeit von Schlaraffenlandkindern ist das Resultat ihres Glaubens, daß sie im Umgang mit ihren Müttern gleichberechtigte Partner sind. Sie werden von ihnen behandelt, als wären sie Erwachsene. Dies zeigt sich u.a. darin, daß sie – selbst bei wichtigen Familienentscheidungen – um Rat gefragt werden und dieser Rat auch oft befolgt wird, so unsinnig er auch sein mag. Sie erhalten das gleiche Stimmrecht bei Familienentscheidungen. Sie werden für jede Geringfügigkeit gelobt, als hätten sie etwas Überragendes geleistet. Auf sie wird Rücksicht genommen wie auf einen Erwachsenen oder eine berühmte Persönlichkeit. Sie dürfen überall mitreden und Erwachsene prinzipiell unterbrechen. Auf diese Weise hofiert, beginnen Kinder langsam aber sicher, sich mit der Zeit maßlos zu überschätzen. Sie glauben, daß alles, was sie tun, und sei es nur eine Bagatelle, sie in ihrer Großartigkeit beweist. Sie können überhaupt nicht das Gefühl dafür ausbilden, daß Erwachsene ihnen überlegen sind, ganz andere geistige Fähigkeiten haben, die sie erst noch mühsam entwickeln müssen. Im Gefühl ihrer Großartigkeit können sie kein realistisches Empfinden für ihre Gedanken und Taten ausbilden. Prinzipiell wissen sie alles und sie wissen es besser als jeder Erwachsene. Kinder, die nicht die Erfahrung machen, daß sie noch zu lernen haben, daß sie dem Erwachsenen nicht ebenbürtig und gleichberechtigt sind, wirken auf andere Erwachsene oft lächerlich und bedauernswert. Ein Kind, das mit sieben Jahren und ohne jegliche Erfahrung glaubt, eigenhändig einen Telefonanschluß legen zu können, und die Mutter davon überzeugen kann, dazu in der Lage zu sein, leidet unter einer prinzipiellen Selbstüberschätzung, die Anlaß zur Sorge gibt.

Im Zusammenhang mit einer solchen oder ähnlichen Selbstüberschätzung bildet sich bei einem Schlaraffenlandkind oft die Überzeugung heraus, daß das Eigentum der Mutter bzw. der Eltern selbstverständlich auch sein Eigentum sei. Schlaraffenlandkinder können bzw. wollen nicht zwischen Mein und Dein unterscheiden. Da sie selbstverständlich ganz besonders herausragende Menschen sind, die weit über anderen Menschen stehen – insbesondere der Mutter –, gehört ihnen alles. Es ist *ihr* Haus bzw. *ihre* Wohnung, *ihr* Geld, ihr Eigentum, es sind *ihre* Eltern. Alles gehört ihnen und sie begreifen nicht, wie Eltern es wagen können zu glauben, daß dem keinesfalls so ist. Daß Mütter ihren Kindern das Gefühl geben, etwas Besonderes bzw. Außergewöhnliches zu sein, ist prinzipiell nicht problematisch. Es wird jedoch dort zum Problem, wo die Schlaraffenland-Geschädigten die Überzeugung gewinnen, daß sie ein Recht darauf haben, von allen Menschen, die ihnen im Laufe ihres Lebens begegnen, letztlich umschwärmt und bewundert zu werden.

Herr T. ist vierundzwanzig Jahre alt. Er hat sich schon immer für etwas Besonders gehalten. Seine Eltern haben ihn wegen seiner Intelligenz und wegen seines guten Aussehens bewundert. Schon als kleiner Junge wurde er in Familienangelegenheiten um Rat gefragt, der dann auch oft befolgt wurde. Zu jedem seiner Geburtstage wurde und wird ein Film über seine Geburt gezeigt. Doch jetzt steht Herr T. vor dem »beruflichen Aus«. Nachdem er sein Abitur nicht geschafft hatte, begann er eine Banklehre. Die brach er ab, weil dort niemand seine »herausragenden« Fähigkeiten erkannte. Dann bewarb er sich als Moderator bei einem privaten Fernsehsender. Herr T. war fest davon überzeugt, daß man ihn auf jeden Fall nehmen würde. Er erhielt eine Absage. Für Herrn T. ist eine Welt zusammengebrochen.

Schlaraffenland-Geschädigte vom Typ 8 halten sich sehr oft für auserwählte Menschen. Die herausragende Position, die sie in ihrer Kindheit innehatten, ließ sie im Glauben daran aufwachsen, daß dem immer so sein würde. Sie sind die geborenen Selbstdarsteller. Sie sind bei ihren Freunden und Bekannten beliebt. Sie geben sich witzig, aufgeschlossen und haben für alles Verständnis. Es gelingt ihnen, sich auf Partys und oft auch am Arbeitsplatz in den Mittelpunkt zu spielen und sich von anderen bewundern zu lassen (»Ein Supertyp, eine Superfrau«). Das tun diese anderen auch gerne, denn sie sind sehr angetan von dem Selbstbewußtsein, das diese Schlaraffenland-Geschädigten ausstrahlen.

Die Leiden der Mütter

Nicht nur die Kinder sind es, die in späteren Jahren an ihrer Schlaraffenland-Mentalität leiden. Vor allem sind es die Mütter, die am Verhalten und der Mentalität ihrer Kinder leiden und seelisch daran zerbrechen. Kopfschmerzen, Schlafstörungen, Depressionen, Rückenbeschwerden, das quälende Gefühl des Ausgebranntseins (burn-out), körperliche Mattigkeit und andere diffuse Beschwerden prägen oft das Zusammenleben mit ihren Kindern. Häufig verschwinden diese Symptome, sobald die Kinder das Haus endgültig verlassen haben.

Doch all die aufgezählten Beschwerden lassen sich nicht aufwiegen gegenüber der seelischen Verzweiflung der Mütter angesichts des Terrors, der Respektlosigkeit, der Verachtung, der Demütigungen und Erniedrigungen, die sie von ihren Kindern erfahren. Die Leiden der Mütter sind vielfältiger Natur. Oft schleppen sie sich nur noch mit letzter Kraft dahin. Doch diese letzte Kraft reicht über Jahre, auch dann, wenn sie immer kurz vor dem Erlöschen ist. Ihre Kinder nehmen ihnen die Luft zum Atmen, das Recht auf ein eigenes Leben. Sie haben kaum eine freie Minute für sich selbst und können selbst diese wenigen freien Minuten nicht wirklich genießen, weil sie in ihren Gedanken immer bei ihren Kindern sind. Es sind dabei nicht ausschließlich die großen familiären Ereignisse, die sie im Zusammenleben mit ihren Kindern bedrücken. Es ist vielmehr die Summe der unzähligen Kleinigkeiten des Tages, der Wochen, der Monate und Jahre, die an ihren Nerven zehrt und ihnen ihre Kraft nimmt.

Gefangene ihrer Überzeugung, daß all dies zum Muttersein und zur Mutterliebe dazugehört, nehmen sie diese Qualen oft wortlos hin und erdulden sie. Sobald sie auch nur den geringsten Anflug von Haß und den kleinsten Unmut gegenüber ihren Kindern verspüren, verdoppeln sie noch einmal ihre Bemühungen, eine »gute« Mutter zu sein (siehe dazu: Der Mythos von der grenzenlosen Liebe). Und doch scheitern sie an diesem unerfüllbaren Ideal. Aber sie versuchen es immer wieder, getragen von dem unerschütterlichen Glauben einer

Märtyrerin, daß sie es für eine gute und gerechte Sache tun. Mütter von Schlaraffenlandkinder zerstören auf diese Weise allmählich ihre körperliche und geistige Gesundheit. Nicht selten bleiben seelische Wracks zurück, die oft noch von ihren mittlerweile erwachsenen Kindern mit unendlichen Forderungen und Wünschen überhäuft werden. Kein Mensch kann soviel ertragen und soviel erdulden, wie von einer solchen Mutter gefordert wird. Doch opfert sie sich eben nicht für eine gute Sache auf, sondern nur für eine schlechte, die niemandem etwas Positives einbringt, weder der Mutter selbst noch dem Kind.

Schlaraffenlandkinder sind äußerst undankbare Geschöpfe, auch dann, wenn es ihnen gelingt, hinter der Maske des »unschuldigen«, »liebenswerten« und »verständnisvollen« Kindes Dankbarkeit zu heucheln. Sie kennen jedoch kein Mitleid, wenn es um die Befriedigung ihrer Wünsche geht. Hier sind sie unerbittlich und nehmen das Leid ihrer Mütter voll und bewußt in Kauf. Die Mütter betrachten ihre Kinder in solchen Augenblicken mit den verzweifelten Augen eines »zusammengetretenen Engels«, wie es mir eine Mutter mit diesem Bild in einem Gespräch beschrieb. Sie sind maßlos enttäuscht von der Rücksichtslosigkeit ihres Kindes und stehen machtlos davor. Doch sie verzeihen schließlich auch dies.

Folgendes erzählte mir eine Mutter, nachdem es ihr endlich gelungen war, sich aus dem verhängnisvollen Kreislauf von Demütigungen und Erniedrigungen, die sie von ihrem Sohn erfuhr, zu befreien: Es war ihr gelungen, sich ihrem Haß, den sie zeitweise gegenüber ihrem Kind empfand, zu stellen und ihn zu akzeptieren. Sie sah in diesem zeitweisen Haß nichts Schlechtes und Verdammenswertes mehr, sondern erlebte ihn als den natürlichen Ausdruck einer gequälten menschlichen Seele. Erst als sie sich von dem Gedanken freimachen konnte, daß ihr Kind das wichtigste Wesen von der Welt und sie selbst das niedrigste sei, konnte sie es als ein echtes Gegenüber empfinden, als ein Wesen mit eigenen egoistischen Zielen und Wünschen, dem man als Mutter nicht nachzugeben braucht. Sie empfand es als eine Befreiung, ihr Kind auch hassen zu dürfen, wenn eine Situation es mit sich brachte, die das Kind hassenswert machte. Im Rückblick drückte sie es – sinngemäß – folgendermaßen aus:

»Ich hatte immer Angst davor, mein Kind zu hassen, weil eine gute Mutter dies doch nicht tut. Wenn ich so etwas wie Haß spürte, sagte ich mir oft, daß es nur ein bißchen Wut sei, obwohl ich genau wußte, daß es Haß war. Wenn sich mein Sohn manchmal leicht verletzte, sich sein Knie stieß oder in den Finger schnitt, spürte ich oft eine geheime Freude dabei. Doch im nächsten Moment fühlte ich mich immer schuldig. Nein, nicht immer. Manchmal war es auch nur dieses Gefühl der Freude. Obwohl ich nicht an Gott glaube, habe ich manchmal zu ihm gebetet und ihn angefleht, daß er nicht zulassen soll, daß ich mein Kind hasse. Wir müssen doch unsere Kinder lieben. Als mein Sohn älter wurde, habe ich ihm manchmal verschwiegen, daß jemand für ihn angerufen hat. Ich habe dann – wenn es herauskam – immer gesagt, daß ich es vergessen hätte. Aber ich habe es nie vergessen. Das war meine Rache. Ich weiß, das ist irgendwie kindisch. Aber es hat mich gefreut. – Jetzt kann ich mein Kind hassen und es dennoch auch lieben. Das eine schließt das andere nicht aus. Manchmal ist Manuel eben hassenswert. Seitdem ich das weiß, genieße ich sogar manchmal meinen Haß. Er hat mich gelehrt, daß ich mich nicht selbst hasse, wenn ich ihn hasse. Ich habe gelernt, mich von ihm abzugrenzen. Ich habe angefangen, etwas für mich zu tun, und es war mir scheißegal, wenn ich dabei gegen seine Wünsche verstieß. Jetzt kann ich mit Manuel ganz anders umgehen. Wir verstehen uns richtig gut, wo er jetzt weiß, daß ich mir von ihm nichts mehr gefallen lasse, sosehr ich ihn auch liebe!«

Es lassen sich zwei Typen von Müttern unterscheiden. Die einen leiden unter ihren Kindern und wollen nichts daran ändern. Sie sind der unerschütterlichen Überzeugung, daß solches Leid und seine Voraussetzungen mit zum Muttersein gehört und nicht behoben werden darf. Dahinter steckt die Angst, solche Gefühle und Gedanken bei sich zuzulassen, die diese Illusion gefährden könnten. Sie nehmen dabei den größten psychischen Schmerz in Kauf. Sie wollen unter allen Umständen eine perfekte Mutter ohne jegliche Selbstzweifel und ohne negative Gefühle gegenüber ihrem Kind sein. Gelegentliche Zweifel und negative Gefühle unterdrücken sie und kompensieren sie mit einem Mehr an Liebe und Nachsicht. Sie haben sich selbst aufgegeben und leben nur noch für ihr Kind und dessen angebliches Wohlergehen. Sie sind nicht dazu in der Lage zu sehen, wie sehr sie ihr Kind mit ihrem Verhalten auf Dauer schädigen (siehe dazu: Der Mythos von der grenzenlosen Mutterliebe).

Der andere Typ Mutter ist sich seiner inneren Zerrissenheit sehr wohl bewußt. Diese Mütter leiden unter dieser Zerrissenheit. Sie leiden täglich daran. Sie sind hin- und hergerissen zwischen ihren eigenen Lebensansprüchen und den Ansprüchen ihrer Kinder. Auf der einen Seite können sie nicht glauben, daß ihr Leben nur noch aus bedingungsloser Kindererziehung bestehen soll und der Aufopferung ihrer Person zur Erreichung dieses Zieles. Auf der anderen Seite quälen sie Gewissensbisse, weil sie spüren, mit eigenen Ansprüchen nicht dem gängigen Klischee und Zeitgeist zu entsprechen, nämlich alles für seine Kinder zu tun. Ihre eigenen Ansprüche verdammen sie und sehnen sich doch nach ihrer Erfüllung. Es sind Mütter, die ihr Leben prinzipiell verändern wollen und ein Zusammenleben mit ihren Kindern wünschen, ohne daß ihre eigenen Lebensziele dabei bankrott gehen. Sie wollen ihr Kind lieben. Aber sie wollen es nicht um den Preis ihrer eigenen Lebens.

Beide Typen von Müttern zahlen ihren Preis. Die einen leiden unter der Zerrissenheit ihrer Erziehungsansprüche und ihrer eigenen Wünsche und unter der Tyrannei ihrer Kinder. Die anderen müssen mit aller Kraft eine Fassade der unbegrenzt liebevollen Mutter vor sich aufrechterhalten und unter der Tyrannei ihrer Kinder leiden. Beiden Typen von Müttern geht es schlecht. Und doch haben nur die Mütter eine wirkliche Chance, in ihrem Lebensalltag etwas wirkungsvoll zu verändern, die sich ihre innere Zerrissenheit eingestehen und letztlich akzeptieren, daß das eigene Kind zwar eine große Bereicherung des eigenen Lebens darstellt, dies aber nicht auf Kosten der Unterordnung der Mutter unter den Willen des Kindes zu geschehen hat.

ZWEITER TEIL

Die verhängnisvolle Macht der Erziehungsmythen

Die Mutterliebe

Die Mythen, die Liebe und die Erziehung

Mythen sind Geschichten, die Menschen sich erzählen. Wörtlich übersetzt bedeutet das griechische Wort »mythos« Wort, Rede, Erzählung. Früher waren es Geschichten über die Entstehung der Welt, des Universums, über Götter und Helden. Sie dienten dem Verstehen von Zusammenhängen und gaben den Gedanken und Gefühlen der Menschen einen Sinn. Jede Zeit hat dabei ihre speziellen Mythen. Die Mythen unserer heutigen Zeit betreffen Themen wie Erfolg, Karriere, Reichtum, Schönheit. Der Schönheitsmythos beispielsweise bezieht sich darauf, wie die perfekte Frau, wie der perfekte Mann auszusehen hat. Er erfordert vom Menschen, schlank und sportlich zu sein und sich schlecht zu fühlen, wenn man dick und unsportlich ist. Ein solcher Mythos bezieht sich sowohl auf unsere Vorstellungen von Schönheit und Attraktivität wie auch auf unsere Meinungen, wie man schön und attraktiv werden kann. Häufig ist es ein unausgesprochener – aber nicht weniger realer – Regelkatalog, den man zu erfüllen hat, will man dem jeweiligen Mythos entsprechen.

In der Regel steckt hinter jedem Mythos ein wahrer Kern. Hinter dem Schönheitsmythos beispielsweise steckt die Idee von Gesundheit und Wohlbefinden. Beides soll durch Körperpflege, sportliche Betätigungen und gesunde Ernährung erzielt werden. Dieser Kern des Mythos ist sicherlich positiv zu beurteilen. Doch im Laufe der Zeit wird jeder wahre Kern verfälscht und immer weiter ausgeschmückt. Aus dem Gesundheitsaspekt des Schönheitsmythos wird schließlich der Wahn und die Tortur, um jeden Preis sportlich, gesund und damit letztlich schön werden zu müssen. Dies ist vergleichbar dem Spiel der stillen Post, wo durch die Weitergabe der Botschaft von Person zu Person die Kernbotschaft immer verzerrter dargestellt wird. Im Extremfall wird dann z.B. aus der Botschaft: »Klaus hat seinen Führerschein auf der Straße verloren« die Botschaft: »Klaus hat für ein halbes Jahr ein Fahrverbot!«

Mythen werden von Menschen geschaffen. Je mehr Menschen daran glauben und je länger sich ein Mythos durch die Zeit erhält, desto größere Macht gewinnt er über die Menschen. Sie versuchen ihm dann – wie im Falle des Schönheitsmythos – auf jeden Fall gerecht zu werden. Der sich daraus ergebende Vorteil liegt darin, daß Menschen auf diese Weise ein Ziel – ein Ideal – haben, an dem sie sich ausrichten können. Der Nachteil aber ergibt sich daraus, daß die Menschen jetzt verzweifelt darum bemüht sein werden, die Anforderungen, welche aus den Mythen hervorgehen, unter allen Umständen zu erfüllen. Dabei wird nur noch selten hinterfragt, ob diese Mythen überhaupt zutreffend oder – was noch wichtiger ist – die sich aus ihnen ergebenden Verhaltensweisen realistisch sind. So kann man ständig einem Ideal hinterherjagen, ohne es jemals erreichen zu können – weil es für einen gänzlich unerreichbar ist. Die ganze Lebensführung wird jedoch auf dieses Ziel hin ausgerichtet, und viele wertvolle Energien gehen bei dem vergeblichen Versuch, dieses angeblich erstrebenswerte Ziel zu erreichen, verloren.

Auch unsere Vorstellungen über das Muttersein, über die Liebe zum Kind oder ganz allgemein über Erziehung sind das Resultat von Mythenbildungen – von Idealvorstellungen –, von Geschichten darüber, wie sich eine gute Mutter zu verhalten hat, wie sie als Mutter fühlen und denken soll und wie Kinder behandelt werden müssen. Solchen Mythen über Liebe und Erziehung können wir uns zunächst nicht entziehen. Denn wir sind mit ihnen aufgewachsen, und sie prägen unser Denken und Fühlen derart, daß wir sie schließlich so verinnerlichen, daß sie uns als selbstverständlich erscheinen. Was auch so lange nicht problematisch ist, wie die von uns übernommenen Vorstellungen und Meinungen in einem ausgewogenen Verhältnis zu unseren eigenen Bedürfnissen und Zielen stehen. Wenn Mythen jedoch einseitig ausgerichtet sind und Forderungen beinhalten, die zu psychischen und physischen Schäden bei denen führen können, die sie um jeden Preis erfüllen wollen, sollte man sie hinterfragen. So besteht zum Beispiel ein mehr oder weniger ausgesprochener Bestandteil des Mythos über die Mutterliebe darin, daß Mütter ihre eigenen Bedürfnisse hinter denen ihrer Kinder zurückzustellen haben. Allein aus diesem Aspekt des Mythos hat sich ein Leidenspotential für Mütter entwickelt, das katastrophale Züge angenommen hat. Im Streben danach, diese Anforderung des Mythos möglichst hundertprozentig zu erfüllen, haben Mütter ihre eigenen Bedürfnisse oft in extremster Weise verleugnet, zum Schaden ihrer Gesundheit und ihres allgemeinen Wohlbefindens (siehe dazu: Die Leiden der Mütter). Oftmals schämen sie sich ihrer Bedürfnisse und versuchen daraufhin, noch besser zu funktionieren als bisher. Sie achten darauf, ja nichts falsch zu machen und sind dabei im Umgang mit ihren Kindern häufig wie gelähmt, wenn es darum geht, sie in angemessener und sinnvoller Weise in ihre Schranken zu verweisen.

Den Erziehungsmythen unserer heutigen Zeit liegt dabei ein ganz spezieller Mythos zugrunde, den ich als den Mythos von der grenzenlosen Liebe bezeichnet habe. Dieser zentrale Mythos ist die Basis für alle daraus ableitbaren Erziehungsmythen. Dieser zentrale Mythos heißt kurzgefaßt: »Liebe Dein Kind!« Dies ist seine Kernbotschaft, und sie ist uneingeschränkt zu bejahen. Doch im Laufe der Zeit wurde diese Kernbotschaft immer mehr verfälscht. Steht noch in der Bibel: »Liebe Deinen Nächsten wie Dich selbst!«, wurde aus der Kernbotschaft: »Liebe Dein Kind!« die Botschaft: **»Liebe Dein Kind mehr als Dich selbst!«** Dies zeigt sich u.a. in Aussagen, die Mütter immer wieder von sich geben, wie: »Ich muß immer für mein Kind da sein!«, »Mein Kind ist prinzipiell wichtiger, als ich es bin!«, »Nur wenn es meinem Kind gutgeht, geht es auch mir gut!«, »Als Mutter muß ich immer Verständnis und Nachsicht mit meinem Kind haben!«, »Das Kind steht über der Partnerschaft!«, »Als Mutter darf ich keine eigenen Bedürfnisse haben und entwickeln!«

Diese zusätzlichen Botschaften haben die stimmige und richtige Kernbotschaft: »Liebe Dein Kind!« verändert. Sie müssen mit der Zeit überhaupt nicht mehr bewußt ausgesprochen werden, da sie zum unausgesprochenen Teil der Kernbotschaft: »Ich liebe mein Kind!« geworden sind. Doch genau diese Verzerrungen führen zu der verhängnisvollen Macht der hier angesprochenen Mythen und dadurch zum »geheimen« Leiden der Mütter.

Auf solchen zusätzlichen Botschaften bauen sich nun weitere Botschaften auf, die die Aussage der Kernbotschaft immer stärker verändern. Was dann am Ende dazu führt, daß Mütter ihren Kindern hilflos ausgeliefert sind, weil sie befürchten, schlechte Mütter zu sein, wenn sie den zusätzlichen Botschaften nicht entsprechen.

Im folgenden soll der zentrale Mythos von der grenzenlosen Mutterliebe näher beleuchtet und analysiert werden. Hier liegt der Grund für die Leiden der Mütter, die sich einem unerfüllbaren Ideal verpflichtet haben und nicht selten seelisch daran zerbrechen. Dieser zentrale Mythos ist wiederum der Ursprung und der Ausgangspunkt für die daraus ableitbaren anderen hier vorgestellten Mythen, die sich unter anderem auf die zwar behauptete, aber nur in Grenzen wirklich vorhandene Wehrlosigkeit, Hilflosigkeit, seelische Zerbrechlichkeit des Kindes beziehen.

Der erste Schritt, um sich der verhängnisvollen Macht der hier beschriebenen Mythen zu entziehen, besteht darin, sie sich bewußtzumachen und sie zu analysieren. Dieser Schritt wird hier vollzogen. Der zweite Schritt besteht – darauf aufbauend – in der konkreten Veränderung von Einstellungen und von Verhaltensweisen, die im letzten Schritt zu einem anderen – konsequenteren aber nicht weniger liebevollen – Umgang mit dem Kind führen. Dies wird im nächsten Kapitel ausführlich beschrieben.

Der Mythos von der grenzenlosen Mutterliebe

»Die Liebe erträgt alles, sie glaubt alles, sie hofft alles, sie duldet alles!«

Ich erinnere mich an ein Märchen und daran, wie sehr es mich als Kind berührt hat, als ich es las oder vielleicht auch vorgelesen bekommen habe. Denn es handelt sich um das Märchen vom »verkauften Herz«.

In diesem Märchen tötet der Sohn seine Mutter, um ihr Herz zu verkaufen, für das ihm ein reicher Mann viel Geld geboten hat. Er läuft mit dem Herz der Mutter durch den Wald und stolpert dabei über eine Wurzel. Er stürzt. In diesem Moment spricht das Herz der Mutter zu ihm und sagt: »Hast du dir weh getan, mein Sohn?«

Was dieses Märchen zum Ausdruck bringt, stellt in extremer Weise dar, was als Mutterliebe bezeichnet werden kann. Diese Liebe geht hier so weit, daß sich die Mutter trotz ihrer Ermordung durch den eigenen Sohn darüber sorgt, ob er sich beim Sturz verletzt haben könnte. In dem Augenblick, wo der Leser diesen Schlußsatz liest, wird ihm spontan deutlich, daß – wenn überhaupt – nur eine Mutter derartig reagieren könnte oder kann.

Die Mutterliebe ist zweifellos eine besondere Form der Liebe. Sie ist mit der Liebe zum Partner, zu den Eltern, zu Geschwistern, zu Freunden nur insofern vergleichbar, als sie wie diese anderen Formen der Liebe eine enge seelische Bindung zu einem oder zu mehreren anderen Menschen kennzeichnet.

Doch die Mutterliebe ist nicht nur eine besonders innige und enge Beziehung, die eine Mutter zu ihrem Kind hat, sondern darüber hinaus auch Ausdruck einer besonderen körperlichen Beziehung zum Kind. Denn das Kind wächst über eine lange Zeit im Körper der Mutter heran. Es ist ein Teil der Mutter. Auch nach der Entbindung ist das körperliche Band zwischen Mutter und Kind – durch die Trennung der Nabelschnur – noch lange nicht durchschnitten. Diese körperliche Bindung und Beziehung hält an. Entwickelt sich das Kind zu einem eigenständigen, von der Mutter zunehmend unabhängigen Wesen, ist für die Mutter das Kind trotzdem immer noch ein Teil ihres eigenen Wesens und ein Teil ihres eigenen Körpers. Aus dieser geistigen und körperlichen Bindung der Mutter zu ihrem Kind resultiert letztlich die besondere Liebe zum Kind – die Mutterliebe.

Das Eingangszitat – entnommen aus dem Brief des Apostels Paulus an die Gemeinde von Korinth –, das davon spricht, daß die Liebe alles erträgt, glaubt, hofft und duldet, hat die gesamte westliche Zivilisation bis heute entscheidend geprägt und ist Ausdruck unseres mehr oder weniger christlichen Liebesideals und Liebesverständnisses. Dieses Liebesideal prägt auch heute noch unsere Vorstellungen von Liebe, die auch die Mutterliebe mit einbezieht. Doch erreicht dieser im Zitat zum Ausdruck gebrachte Anspruch von der alles duldenden, hoffenden, glaubenden und ertragenden Liebe nur dann seine volle Bedeutung und Wirkung, wenn sich diese Liebe in einem Prozeß der Gegenseitigkeit vollzieht. Das heißt, daß wenigstens zwei Menschen untereinander dieses Ideal leben bzw. ganze Gruppen von Menschen oder Gesellschaften es leben können. Sobald sich jedoch ein Ungleichgewicht einstellt, wird das Ideal zur Gefahr und zum Anlaß für Leid und Schmerz. Denn nur im besten Fall ergänzt sich dieses oder ein ähnliches Liebesideal beispielsweise im Zusammenleben zweier Personen, wenn jeder mit der Rücksichtnahme und der Verzichtsbereitschaft des jeweils anderen rechnen kann. Nur so hat jeder genug Freiraum für sich, um auch an sich selbst denken zu können. Dieser Umstand setzt also immer zwei Menschen voraus, die ähnlich empfinden und ihre Liebe zueinander ähnlich sehen. Denn sonst verliert in einer Liebesbeziehung immer derjenige, der den anderen mehr liebt. Sie oder er wird immer mehr Verzicht üben, mehr Rücksicht nehmen und mehr leiden, als die oder der andere. Der »weniger« liebende Partner weiß dies oft überhaupt nicht zu schätzen. Für ihn ist selbstverständlich, daß der andere ihm Liebe schenkt, wohingegen seine eigenen Liebesgaben geringer und seltener ausfallen oder im schlimmsten Fall sogar ganz ausbleiben. In keiner Beziehung gibt es den gleichen Entwicklungsstand an Liebesfähigkeit. Menschen sind zu verschieden und haben zu unterschiedliche Entwicklungen durchlaufen, als daß dies möglich wäre. Das Ideal ist immer unerreichbar; es sei denn um den Preis des totalen Selbstverzichts. Es wird dort zur Falle, wo eine Person krampfhaft versucht, dem Ideal – trotz des bestehenden Ungleichgewichtes – einseitig gerecht zu werden. Sie wird früher oder später an dieser Einseitigkeit leiden und verzweifeln.

Übertragen wir das Zitat des Paulus auf die Mutterliebe, so zeigt sich ein noch viel größeres Ungleichgewicht. Die Liebesfähigkeit der Mutter ist enorm ausgeprägt, die des Kindes steht erst am Anfang seiner Entwicklung. Die Mutter gibt Liebe, und das Kind nimmt diese Liebe. Das Kind nimmt die Liebe der Mutter als selbstverständlich an. Was für die psychische Entwicklung des Kindes auch sinnvoll und notwendig ist. Aber dieses passive Nehmen von Liebe ist nur das erste Stadium bei der Entwicklung der aktiven – d.h. der gebenden – Liebesfähigkeit des Kindes. Insbesondere bei Schlaraffenlandkindern stoppt die Entwicklung ihrer Liebesfähigkeit in diesem ersten Stadium. Sie stagniert bei dem einseitigen passiven Nehmen und dem Verweigern aktiver Liebe. Es geht dem Schlaraffenlandkind nur um die Erfüllung und Befriedigung seiner Wünsche und Interessen. Die Mutter ist nur solange lieb, solange sie tut, was das Kind will. Liebe ist für das Schlaraffenlandkind gleichbedeutend mit der Befriedigung seiner Interessen. Eine Mutter erzählte mir freimütig, daß sie Geld gestohlen habe, als sich ihr vierzehnjähriger Sohn einen teuren Fernsehapparat wünschte, den sie sich finanziell nicht leisten konnte. Sie gab zu, ihre Mutter bestohlen zu haben. Prinzipiell erfülle sie ihrem Sohn jeden Wunsch, den er hat. Weigere sie sich, die gewünschten Dinge zu kaufen, würde sie von ihrem Sohn immer auf die übelste Weise beschimpft werden. Die Worte, die ihr Kind benutzt, beleidigen sie und machen sie unglücklich. Deshalb unternimmt sie alles, ihrem Sohn einen Wunsch schnellstmöglich zu erfüllen.

Eine andere Mutter gab ihrem Sohn ihre gesamten Ersparnisse, damit er sich die illegalen Drogen kaufen konnte, die er so dringend benötigte. Der Vater, der vergeblich gegen diese Art der Mutterliebe seiner Frau anzukämpfen versuchte, resignierte schließlich und ließ sich von seiner Frau scheiden.

Nicht alle Fälle von übertriebener Mutterliebe müssen sich so extrem zeigen. Es reicht schon aus, wenn Mütter sich mehr oder weniger als die prinzipiellen Wunscherfüller ihrer Kinder betrachten. In solchen und ähnlichen Fällen macht Liebe blind, und man kann in Abwandlung des bekannten Wortspiels sagen: »Mutterliebe macht blinder«! Selbst wenn der eigene Ehemann, Freunde oder Verwandte darauf aufmerksam machen, daß in der Erziehung etwas nicht richtig läuft, verschließen Mütter ihre Augen oft vor den Tatsachen, die andere sehen.

Mütter von Schlaraffenlandkindern – aber auch viele andere Mütter – lieben ihre Kinder grenzenlos. Sie glauben, daß nur die grenzenlose Liebe zu ihrem Kind die ein-

zig wahre Liebe sein kann. Diese grenzenlose Liebe ist dadurch gekennzeichnet, daß sie mehr oder weniger den totalen Verzicht, die totale Rücksichtnahme, die totale Duldung gegenüber dem Kind beinhaltet. Sie ist identisch mit dem Anspruch des Liebesideals aus dem Brief des Paulus an die Korinther.

Doch verwechseln Mütter, welche die Mutterliebe so oder ähnlich sehen, die *grenzenlose* mit der *bedingungslosen* Mutterliebe. Auf den ersten Blick scheinen die Begriffe der Grenzenlosigkeit und der Bedingungslosigkeit identisch zu sein. Der elementare Unterschied wird jedoch im folgenden deutlich werden. Doch bevor wir uns diesem elementaren Unterschied zuwenden, sollen – in diesem Zusammenhang – noch einige Bemerkungen über die Entwicklung der Liebesfähigkeit beim Kind gestattet sein.

Das Erlernen der Liebesfähigkeit

So tief die Liebe einer Mutter zu ihrem Kind auch sein mag, so falsch wäre die Annahme, daß diese einmal gegebene Liebe automatisch dazu führt, daß sie das Kind auch zu schätzen weiß und irgendwann einmal selbst in der Lage ist, aktive Liebe zu geben. Mütter glauben oft, über ihre nachgiebige Liebe die Liebesfähigkeit des Kindes zu fördern. Es ist der größte Trugschluß. Denn das Kind weiß zunächst nichts von der Liebe, von den Gedanken und Gefühlen, die hinter dem liebenden Verhalten der Mutter stehen. Es sieht zunächst nur sich selbst. Und nur darin wird es durch die Liebe der Mutter bestärkt, und in nichts anderem.

Liebe jedoch, die nicht geschätzt wird, ist sinnlose Liebe. Sie verpufft wirkungslos. Denn sie erreicht den anderen nicht. Sie berührt ihn nur oberflächlich. Der andere mag sie genießen, er mag durch ein Lächeln, durch Küssen, durch Umarmen bekunden, daß sie ihm gefällt, aber sie führt nicht zwangsläufig zur Gegenliebe.

Das Kind ist zunächst nur der Nutznießer der ihm gegebenen Mutterliebe. Dieses passive Genießen ist für die psychische und physische Entwicklung des Kindes von herausragender Bedeutung. Denn Kinder sollen und müssen die Erfahrung machen, daß sich jemand ganz für sie einsetzt, sich um sie kümmert und ihre lebensnotwendigen Bedürfnisse befriedigt. Dabei spürt das Kind, daß seine Mutter für es da ist. Daraus entwickelt sich eine Beziehung des Kindes zur Mutter, die aber nicht zwangsläufig dazu führt, daß nun das Kind die Mutter liebt. Es kann die Mutter erst dann lieben, wenn es dazu fähig wird, aktiv zu lieben, d.h. die Fähigkeit entwickelt, auf die Bedürfnisse von anderen bewußt Rücksicht zu nehmen und nicht nur primär die Befriedigung der eigenen Bedürfnisse im Sinn zu haben.

Kinder müssen erst lernen, was aktive Liebe ist. Die aktive Liebesfähigkeit ist keine Empfindung oder kein Wissen, das sich früher oder später bei einem Kind automatisch einstellt. Seine Liebesfähigkeit muß sich ein Kind aktiv erarbeiten. Mütter leben im Irrtum, wenn sie glauben, daß sie ihrem Kind nur Liebe zu geben brauchen, damit es selbst aktiv lieben kann; damit der aktive Funke der Liebe quasi auf das Kind überspringt. Was Kinder aus der vorgelebten Liebe der Mutter zunächst lernen, läuft eher darauf hinaus, wie sie sich dieser Liebe auf passive Weise bedienen können, also ohne selbst dabei aktiv werden zu müssen. Die Liebe der Mutter ist hierbei ein Geschenk. Doch um ein Geschenk schätzen zu können, muß man seinen Wert kennen. Was nur möglich ist, wenn man selbst zum Schenkenden wird. Wer selbst nie schenkt, weiß nicht, daß es auch noch etwas anderes gibt, als beschenkt zu werden.

Um eine aktive Liebesfähigkeit entwickeln zu können – um selbst im Leben Liebe schenken zu können –, muß das Kind lernen, gegenüber seiner Mutter Rücksicht zu nehmen und Verzicht zu üben. Dies lernt das Kind nicht freiwillig. Zunächst will es nichts anderes als Genuß pur und sofort. Etwas, was heutzutage viele Jugendliche und auch Erwachsene wollen, ohne dafür selbst etwas zu geben (siehe dazu: Die Beziehungsunfähigkeit des Schlaraffenland-Geschädigten; Der Abschied vom Schlaraffenland). Rücksicht zu nehmen und Verzicht zu üben kann das Kind nur lernen, wenn die Mutter es ihm nahelegt. Es muß lernen, etwas für die Mutter zu tun, auch dann, wenn sein Hang zur Bequemlichkeit größer ist. Es ist unerläßlich, daß dieses »Für die Mutter etwas tun« nicht nur unregelmäßig geschieht (»Mein Kind trägt manchmal den Abfall runter!«) und sich nicht nur auf eine einzige Tätigkeit beschränkt (»Mein Kind muß nur den Abfall runtertragen!«). Denn Lernen vollzieht sich nur, wenn etwas ständig und sich regelmäßig wiederholend geschieht. Auf diese Weise bildet sich beim Kind eine Gewohnheit heraus, die es früher oder später mit einem Sinn belegt, der wiederum Teil seiner Persönlichkeitsstruktur wird. Dieser Sinn mag darin bestehen, daß das Kind stolz auf seine Handlungen ist, sich mit der Zeit darüber freut, daß es der Mutter helfen kann und sieht, daß sie sich darüber freut. Aus der Erfahrung heraus – einem anderen Menschen helfen zu können – entsteht ein Bewußtsein von dem, was aktive Liebesfähigkeit ist. Dann entsteht eine wirkliche und tiefe Begegnung zwischen Mutter und Kind, die nicht durch das einseitige Verhalten des Kindes getrübt ist.

Irgendwann wird das Kind begreifen, daß Verzicht nicht nur Verzicht, Rücksichtnahme nicht nur Rücksichtnahme, sondern Ausdruck von Liebe ist. Dieses Nahelegen von Rücksichtnahme und Verzicht geschieht in den Augenblicken, in denen die Mütter etwas von ihren Kindern einfordern oder

Anforderungen an sie stellen (siehe dazu: Die Erziehungsmythen), ob diese es nun wollen oder nicht. Erst wenn das Kind an die Grenzen der Befriedigung seiner Bedürfnisse und Wünsche stößt, kann sich überhaupt ein Bewußtsein dafür entwickeln, daß es nicht das einzige Wesen auf der Welt ist, dessen Bedürfnisse befriedigt werden müssen. Erst dann ist es dazu in der Lage, auch an die Bedürfnisse und Wünsche der Mutter zu denken, wenn es damit konfrontiert wird. Aber solange es von der Mutter nichts darüber erfährt – weil sie grenzenlos liebt –, wird es sich keine Gedanken darüber machen müssen, daß auch seine Mutter Bedürfnisse hat. Und erst dann, wenn es davon erfährt, kann es überlegen, sein bisheriges Verhalten zu verändern und etwas anderes zu tun, als nur Liebe einzufordern und passiv anzunehmen. Auf diese Weise kann es ein differenziertes Verständnis von Liebe entwickeln und die Facetten von nehmender und gebender Liebe zu seiner ganz individuellen Liebesfähigkeit zusammenfügen. Über einen jahrelangen Lernprozeß, der sich aus einer Vielzahl von Einzelsituationen und Alltagsereignissen zusammensetzt, in dem sich Mutter und Kind immer wieder begegnen, wird das Kind schließlich zu einem aktiv Liebenden.

Die Bedeutung und die negativen Folgen der grenzenlosen Mutterliebe

Gerade bei Schlaraffenlandkindern ist die aktive Liebesfähigkeit unterentwickelt oder sogar überhaupt nicht entwickelt. Sie können nur passiv Liebe empfangen und diese für sich einfordern. Sie wissen um die Verhaltensweisen, die sie zeigen müssen, um sich Liebe zu erhalten. Sie können sehr charmant sein, um ihre Wünsche erfüllt zu bekommen. Schlaraffenlandkinder machen ständig die Erfahrung, daß sie mehr oder weniger tun können, was sie wollen, ohne daß die Mutter ihnen gegenüber ihr Verhalten ändert und sie zurechtweist. So lernen sie mit der Zeit, daß sie auf andere – sofern es nicht, wie zum Beispiel im Umgang mit Gleichaltrigen, sein muß – keine Rücksicht zu nehmen und keinen eigenen wirklichen Verzicht zu leisten brauchen. Sie dürfen die Mutter benutzen, sie demütigen, sie ausnutzen, sie verspotten, ohne daß diese sich wirklich gegen sie zur Wehr setzt und sich ihren Forderungen entzieht. Was immer sie auch tun, sie werden nachsichtig behandelt. Die Liebe der Mutter wird für sie auf eine verhängnisvolle Weise zur Selbstverständlichkeit. Sie müssen sich nicht bemühen, um sich die Zuneigung eines Menschen zu erarbeiten. Sie erwarten die Liebe der Mutter und fordern sie ein, ohne selbst mehr einzubringen, als gelegentliche Gesten der Zuneigung zu liefern. Sie sind davon überzeugt, daß andere für sie dasein und sie um jeden Preis lieben müssen.

Gelegentliche und verzweifelte Zornausbrüche der Mütter zeigen den Kindern nur deren Hilflosigkeit und nicht ihre Stärke. Sie wissen genau, wie sie die Ausbrüche ihrer Mütter einzuordnen haben: als Ausdruck von Schwäche, was nur bestätigt, wovon die Kinder bereits überzeugt sind: immer schon die wahren Herrscher der Familie gewesen zu sein und zu bleiben. Und die Mütter erdulden und ertragen ihre Kinder, weil sie sie grenzenlos lieben.

Die Mutterliebe als grenzenlose Liebe beinhaltet letztlich die Unterwerfung des Willens der Mutter unter den Willen und die Wünsche des Kindes (siehe dazu: Die Entwicklung der Schlaraffenland-Mentalität). Darauf basierend beinhaltet sie des weiteren die Akzeptanz der folgenden noch auszuführenden Erziehungsmythen.

Grenzenlose Liebe bedeutet, daß die Bedürfnisse der Mutter denen des Kindes prinzipiell und immer unterge-

ordnet sind. Mütter, die gegen dieses Konzept der grenzenlosen Mutterliebe handeln, werden häufig als schlechte Mütter bezeichnet und fühlen sich auch so. Die grenzenlose Liebe ist das Ideal unserer Gesellschaft, und Mütter haben so die Aufgabe, in unserer Gesellschaft alles zu ertragen, zu dulden, zu hoffen und zu glauben. Im Zusammenleben mit ihren Kindern sind sie nur Menschen zweiter Klasse, deren Recht auf Freiheit, auf Selbstbestimmung, auf Unbeschwertheit, auf Erfüllung ihrer Wünsche und Bedürfnisse stark eingeschränkt ist. Denn die ausgesprochene und auch unausgesprochene Regel im Umgang mit Kindern lautet: Kinder haben absoluten Vorrang. Doch genau diese Sichtweise führt zu dem Phänomen des Schlaraffenlandkindes und der Schlaraffenland-Mentalität. Aus der Angst oder Sorge heraus, dem Ideal der grenzenlosen Mutterliebe nicht zu entsprechen, resultiert die Überbewertung dieser Form der Mutterliebe. Indem Mütter alles dulden, alles ertragen und keine oder nur unwesentliche Anforderungen an ihr Kind stellen, entwickelt sich keine aktive Liebesfähigkeit beim Kind und damit einhergehend oft auch keine wirkliche Beziehung zwischen Mutter und Kind.

Kinder, die nur passiv lieben können, entwickeln sich im Laufe der Zeit zu Tyrannen und grenzenlosen Egoisten. Die Mütter aber sind durch die Verinnerlichung der Mythen in Bezug auf Liebe und Erziehung wie gelähmt. Diese Lähmung führt dazu, daß Mütter es oft nicht mehr wagen, gegen den Willen ihrer Kinder zu handeln, weil sie befürchten, auf diese Weise grundlegende Erziehungsfehler zu begehen und glauben, daß sie über Anforderungen und Zurechtweisungen ihren Kindern einen seelischen Schaden zufügen könnten und würden (siehe dazu: Der Mythos vom seelisch zerbrechlichen Kind). Sie lieben grenzenlos, weil sie der Überzeugung sind, daß mit Liebe nichts falsch gemacht werden kann. Doch es kommt auf das Verständnis der Liebe an, das man hat, um mit ihr in der Erziehung nichts falsch machen zu können. **Man kann auch mit echter Liebe falsch lieben.**

Die Bedeutung und die positiven Folgen der bedingungslosen Mutterliebe

Bedingungslose und grenzenlose Liebe bedeuten nicht dasselbe. Bedingungslose Mutterliebe heißt, das eigene Kind »um seiner selbst willen zu lieben«. Es kann tun und lassen, was es will, und wird von der Mutter trotzdem geliebt. Hierin unterscheiden sich die beiden Arten von Mutterliebe nicht voneinander. Doch kann eine Mutter ihr Kind bedingungslos lieben bzw. annehmen und dennoch Anforderungen stellen, es in seine Grenzen verweisen, ihm Türen versperren und sie mit aller Kraft zuhalten, eigene Bedürfnisse und Wünsche durchsetzen, ohne dabei aufzuhören, ihr Kind bedingungslos zu lieben. Bei der grenzenlosen Mutterliebe ist dies nicht möglich, weil die Mutter denkt, daß eine derartige Einstellung mit ihrer Liebe zum Kind unvereinbar ist.

Bedingungslose Mutterliebe fordert das Kind. Sie verlangt vom Kind, daß es Rücksicht nimmt, Einschränkungen akzeptiert und Verzicht übt. Solchermaßen fördert sie die psychische Entwicklung des Kindes. Als Teil seiner Persönlichkeit entwickelt es eine Einstellung, in der es nicht nur darum geht, sich ausschließlich von der Mutter bedienen und hofieren zu lassen und nur an die Befriedigung seiner eigenen Interessen zu denken.

Dieses Lernfeld der Einübung von Rücksichtnahme und Verzicht kann Kindern schon früh nahegebracht werden. Schon Kleinkinder sind durchaus in der Lage, ihre eigenen Forderungen zurückzustellen und die Zurückweisung der

Mutter zu erkennen und zu akzeptieren, ohne daran seelischen Schaden zu nehmen. Eine junge Mutter berichtete mir, daß ihre anderthalbjährige Tochter sie auf Schritt und Tritt verfolgen würde. Sobald sie die Mutter nur sähe, wolle sie auf den Arm genommen werden. Die Mutter hatte kaum noch die Möglichkeit, im Haushalt etwas zu erledigen, geschweige denn an ihre eigenen Bedürfnisse zu denken. Das Kind fing an zu schreien, sobald es allein gelassen wurde. Was die Mutter nicht ertragen konnte und weshalb sie ihre jeweiligen Tätigkeiten ständig unterbrechen mußte. Das Kind aber lernte, daß es nur zu schreien brauchte, um seinen Willen durchzusetzen. Mühsam gelang es der jungen Mutter mit der Zeit, sich den ständigen Forderungen ihres Kindes zu widersetzen. Als das Kind merkte, daß die Mutter sich abzugrenzen verstand und diese Abgrenzung auch durchhielt, veränderte es sein Verhalten und konnte sich von nun an mit anderen Dingen beschäftigen als nur mit der Mutter.

Anforderungen an das Kind zu stellen, sich ihm zu widersetzen, ihm Grenzen aufzuzeigen, es zurechtzuweisen, ist ein Akt der Liebe. Ein entschiedenes »Raus!« oder »Nein!« hat manchmal mehr mit Liebe zu tun als ständiges Nachgeben und Verzeihen. Denn nur über die Auseinandersetzung mit dem Widerstand der Mutter wird ein Kind dazu angeregt, sich mit sich selbst auseinanderzusetzen und sich so mit seiner Familie wirklich zu identifizieren und sie nicht auszubeuten. Erst in dem Augenblick, wo es Verzicht und Rücksichtnahme zeigt, ist es ein wirklicher Teil der Familie. Dort, wo Kinder in eine Familie im wahrsten Sinne des Wortes eingefügt sind, lernen sie, aktiv im gegenseitigen Rücksicht-Nehmen und Verzicht-Üben ihre Liebesfähigkeit zu entwickeln. Das Schlaraffenlandkind braucht sich nicht einzufügen. Die Mutter bzw. die Familie fügt sich dem Willen des Kindes.

Das Einfügen in die Familie funktioniert nur, wenn den Kindern Forderungen gestellt werden und man auf deren Erfüllung auch besteht. Lieben Mütter ihre Kinder auf diese Art, stellen sie so ein hervorragendes Modell für die Gestaltung der späteren zwischenmenschlichen Beziehungen ihrer Kinder dar. Es entsteht ein ausgewogenes Verhältnis von gebender und nehmender Liebe.

Liebe ist immer ein gegenseitiger Prozeß. Jemand, der nur gibt, wird nicht wirklich geliebt. Er wird letztlich verachtet und ausgenutzt. Jemand, der nur nimmt, kann nicht lieben, weil Liebe auch die Rücksicht und die Achtung des anderen beinhaltet. Nur in der Gegenseitigkeit von Liebe kann es zu einer echten Begegnung zwischen Menschen kommen.

Eine Reihe von Müttern, mit denen ich zusammengearbeitet habe, hatte große Angst, durch klare Verbote, Strafen, das Stellen von Forderungen und durch die Berücksichtigung der eigenen Wünsche und Bedürfnisse die Liebe ihres Kindes zu verlieren. Ebenso befürchteten sie, mit ihren neuen Verhaltens- und Vorgehensweisen ihren Kindern seelischen Schaden zuzufügen (siehe dazu: Der Mythos vom seelisch zerbrechlichen Kind. Die verschütteten Fähigkeiten unserer Kinder). Dies alles erwies sich mit der Zeit als vollkommen unzutreffend. Obwohl die Mütter zunehmend an sich selbst zu denken begannen, verschlechterte sich die Beziehung zu ihren Kindern nicht. Sie verbesserte sich sogar, da sie nun ein viel unverkrampfteres Verhältnis zu ihren Kindern bekamen. **Das Kind weiß intuitiv um die bedingungslose Liebe der Mutter. Selbst dann, wenn die Mutter ihrem Kind massiv Widerstand entgegensetzt, ihm etwas verbietet, etwas von dem Kind fordert, zweifelt es nicht an ihrer Liebe.**

Auch Väter können in der Regel dabei helfen, den Müttern ihre Ängste zu nehmen. Auch sie lieben ihre Kinder im allgemeinen bedingungslos. In ihr Verhalten gegenüber ihren Kindern sind aber auch immer Forderungen bzw. Anforderungen eingewoben. Bestenfalls erwarten sie von ihren Kindern, sich in das Familienleben aktiv zu integrieren und ab einem bestimmten Alter regelmäßig häusliche und andere Tätigkeiten selbständig zu verrichten. Und sie pochen auf die Einhaltung ihrer Forderungen. Trotzdem und auch gerade deswegen lieben Kinder ihre Väter. Die Liebe der Väter zu ihren Kindern wird oft extrem unterbewertet – von Mütter sogar oft abgewertet –, weil sie diesen fordernden Anteil beinhaltet und Mütter der Auffassung sind, daß nur die grenzenlose Mutterliebe als das Nonplusultra der Liebe bezeichnet werden kann. Doch gerade das Gegengewicht, das die Väter – wenn sie innerhalb der Familie wirkungsvollen Einfluß auf die Erziehung der Kinder nehmen können – mit ihrer Art der Liebe erzeugen, verhindert oft die gröbsten Fehlentwicklungen in punkto Liebesfähigkeit der Kinder. **Im Zeitalter steigender Scheidungsraten, berufstätiger Mütter und der Väter, die mehr dem Liebesideal der grenzenlosen Liebe zuneigen, wird es jedoch immer schwieriger, dieses sinnvolle Gegengewicht zu erzeugen.**

Was nicht heißt, daß Mütter zu bedingungsloser Liebe nicht fähig wären. Ganz im Gegenteil. Es macht jedoch die Veränderung ihrer Einstellung zur Mutterliebe erforderlich. Um den Wechsel von der grenzenlosen Liebe zur bedingungslosen Liebe in dem hier ausgeführten Sinn zu vollziehen, müssen sich Mütter darauf einlassen, neue Verhaltens- und Vorgehensweisen mit ihren Kindern im Alltag zu erproben. Nur auf diese Weise können sie mit der Zeit ihre bisherigen Einstellungen allmählich und sinnvoll verändern.

Hilfestellung dazu gibt das folgende Kapitel über die Erziehungsmythen. Werden diese Erziehungsmythen konstruktiv bewältigt, wirkt diese Bewältigung automatisch auf die Einstellung der grenzenlosen Mutterliebe zurück und verändert sie. Hierbei werden im folgenden zunächst Mißbrauchssituationen anhand von Fallbeispielen vorgestellt, und der dazu gehörende Mythos wird analysiert. Dem schließen sich Lösungsstrategien an, die in eigenen konkreten Erziehungssituationen angewandt und umgesetzt werden können.

Die Erziehungsmythen

Der Mythos vom wehrlosen Kind

> *»Kinder sind rein, Kinder sind fein,*
> *an ihnen darf kein Makel sein!«*

Mißbrauchssituationen

Der achtjährige Stefan soll um 19.00 Uhr ins Bett und schlafen. Dies hat Stefans Mutter mit ihrem Sohn vereinbart. Dabei ist es Stefan gelungen, die eigentliche Zeit zum Schlafengehen von 18.30 Uhr um eine halbe Stunde zu verlängern. Allerdings mußte er seiner Mutter versprechen, daß er dann auch wirklich um 19.00 Uhr im Bett liegt.

In der Regel liegt Stefan erst um 19.30 Uhr im Bett, da sich bei ihm das Ausziehen, Waschen und Zähneputzen zeitlich in die Länge zieht. Liegt er im Bett, verlangt er von seiner Mutter, daß sie ihm eine Gute-Nacht-Geschichte vorliest. Er beteuert, daß er ohne eine vorgelesene Geschichte nicht einschlafen kann. Davon hat sich seine Mutter bereits überzeugen können. Manchmal gelingt es Stefan, die Mutter dazu zu überreden, ihm noch eine zweite Geschichte vorzulesen. Er ist dann »so lieb und schmusig«, daß die Mutter ihm diesen Gefallen häufig tut. Aber spätestens nach der zweiten Gute-Nacht-Geschichte verläßt sie endgültig das Kinderzimmer. Sie setzt sich ins Wohnzimmer, liest, sieht fern oder beschäftigt sich mit anderen Dingen.

Im allgemeinen dauert es nicht länger als fünf Minuten, und Stefan steht in der Tür zum Wohnzimmer. Er hat Durst.

Die Mutter steht auf und gibt ihm ein Glas Mineralwasser. Stefan fällt ein, daß er auch noch Hunger hat. Die Mutter schneidet ihm einen Apfel. Stefan fragt sie, ob er den Apfel im Wohnzimmer essen darf, da ist er nicht so alleine. Die Mutter ist einverstanden. Beim Essen erzählt Stefan seiner Mutter von einem Erlebnis in der Schule. Dabei vergißt er, den Apfel zu essen. Die Mutter erinnert ihn daran. Stefan beißt in sein Apfelstück. Er stellt der Mutter eine Frage über die Sterne am Himmel. Die Mutter beantwortet seine Frage. Sie wird ein wenig ungeduldig. Sie fordert Stefan auf, seinen Apfel schneller zu essen. Stefan gehorcht. Es ist 19.45 Uhr. Stefan geht ins Bett. Er umarmt seine Mutter. Zehn Minuten später steht er wieder in der Tür. Stefan erzählt von einer Katze, die er am Morgen gesehen hat. Er möchte auch so eine kleine niedliche Katze haben. Die Mutter erklärt ihm, daß dies nicht möglich ist. Es entwickelt sich eine Diskussion. Schließlich sagt sie ihm, daß er ins Bett gehen soll. Es ist 20 Uhr. Stefan gehorcht. Ungefähr fünf Minuten später setzt sich Stefan neben sie auf das Sofa. Er zeigt ihr ein Bild aus seinem Dinosaurierheft. Er fragt die Mutter, wie der Dinosaurier heißt. Die Mutter liest ihm den Namen vor. Er will wissen, wie der Name des Dinosauriers geschrieben wird. Die Mutter sagt es ihm. Stefan bedankt sich. Ohne ein weiteres Wort geht er in sein Zimmer. Es dauert nicht lange, und Stefan steht wieder in der Tür. Er hat Durst. Die Mutter schüttet ihm ein Glas Mineralwasser ein und stellt ihm die Flasche neben das Bett. Stefan sagt seiner Mutter, daß er sie lieb hat. Die Mutter gibt ihm einen Kuß.

Zehn Minuten später geht Stefan auf die Toilette. Ungeduldig wartet die Mutter darauf, daß Stefan das Licht in der Toilette ausmacht. Sie hört, wie er in sein Zimmer geht. Es ist 20.25 Uhr. Es dauert keine fünf Minuten, und Stefan kommt wieder ins Wohnzimmer. Er könne nicht schlafen, weil er heute morgen einen Bettler gesehen habe. Er fragt seine Mutter, warum es Bettler gibt. Sie beantwortet seine Frage. Es entwickelt sich eine Diskussion. Dann beendet die Mutter das Gespräch und schickt Stefan mit ernster Miene ins Bett. Mittlerweile wartet sie darauf, daß Stefan wieder zurückkommt. Sie nimmt sich vor, ihn sofort mit strenger Stimme ins Bett zu schicken. Doch Stefan kommt nicht. Die Mutter ist erleichtert. Doch dann ist Stefan wieder da. Er möchte wissen, was er morgen zur Schule anziehen soll. Auf keinen Fall den roten Pullover. Denn der kratzt fürchterlich. Die Mutter versichert ihm, daß er ihn nicht anziehen muß. Stefan nennt seine Mutter die liebste Mami von der Welt. Er will ihr ein Bild malen. Die Mutter sagt ihm, daß er es morgen malen soll. Stefan ist nicht einverstanden. Aber schließlich muß er nachgeben. Es ist 20.40 Uhr. Die Mutter droht ihm, daß er morgen den ganzen Tag nicht mit seinem Supernintendo spielen darf. Stefan geht, schimpfend und Beleidigungen ausstoßend, ins Bett. Die Mutter wartet nervös die nächsten fünfzehn Minuten ab. Dann beschließt sie, in Stefans Zimmer zu gehen. Stefan liegt im Dunkeln in seinem Bett und hört sich eine Kassette an. Es ist 20.55 Uhr. Wütend nimmt die Mutter ihm den Kassettenrecorder ab. Aufgebracht droht sie ihm, ihre Drohung wahr zu machen. Stefan zieht sich die Decke über den Kopf.

Bei einigen Kontrollgängen versichert sich die Mutter, daß Stefan endlich schläft.

Diese Verzögerungen spielen sich in unterschiedlichen Variationen fast jeden Abend ab.

Im allgemeinen unterschätzen Mütter die geistigen Fähigkeiten ihrer Kinder. Sie glauben nicht, daß Kinder – wie beispielsweise Stefan – in der Lage sind, berechnend und konsequent zu handeln, um ihre Interessen unter allen Umständen und mit allen ihnen zur Verfügung stehenden Mitteln durchzusetzen.

Mütter sind in der Regel davon überzeugt, daß ihre Kinder wehrlose, naive und harmlose Geschöpfe sind. Sie sind der Überzeugung, daß sie in einem Zustand der »Natürlichkeit« und »Offenheit« leben, in dem ihnen Lüge, berechnendes Planen und Handeln, die Durchsetzung von Interessen unbekannt sind. Aus diesem Grunde hinterfragen und analysieren sie das Verhalten ihrer Kinder im allgemeinen nicht und nehmen entsprechende Hinweise nicht bewußt wahr oder verdrängen sie. Sie nehmen das Verhalten ihrer Kinder fraglos und als gegeben hin.

Weil Mütter ihre Kinder für wehrlose und naive und damit letztlich für unschuldige Geschöpfe halten, werden sie von diesen in vielen Fällen buchstäblich »übers Ohr gehauen« bzw. »reingelegt«. Mütter legen hierbei ihren Kindern gegenüber eine Nachlässigkeit zutage, die insbesondere bei Schlaraffenlandkindern zu verhängnisvollen Auswirkungen führt (siehe dazu: Die Auswirkungen der Schlaraffenland-Erziehung).

Auch wenn es schwer zu glauben ist: Kinder sind wie Erwachsene dazu fähig, ihr Vorgehen im Umgang mit Menschen – vor allem mit ihren eigenen Müttern – wirkungsvoll zu planen, um die eigenen Interessen und Wünsche durchzusetzen. Sie tun es nicht mit den ausgereiften Mitteln und intellektuellen Fähigkeiten der Erwachsenen. Aber sie tun es nicht weniger wirkungsvoll mit den Möglichkeiten, die ihnen als Kind zur Verfügung stehen. Die kindliche Intuition ist dabei ein wesentliches Instrument ihres kindlichen Planens und Handelns. Kinder sind die Seismographen ihrer Umwelt. Sie erspüren die Möglichkeiten, die sich ihnen in bestimmten zwischenmenschlichen Situationen ergeben, und passen sie den momentanen Gegebenheiten mehr oder weniger perfekt an. Sie orientieren sich dabei an den Erfahrungen, die sie bisher im Umgang mit ihrer Mutter gewonnen haben und laufend machen. Sie vergleichen diese Erfahrungen intuitiv mit den momentanen Stimmungen, die bei der Mutter vorherrschen, und setzen sie für ihre Zwecke ein. Von unschätzbarem Vorteil ist, daß man ihnen ein solches Vorgehen nicht zutraut, bzw. hinter ihrem Vorgehen keine tieferen Absichten vermutet. So nutzen sie diese zentrale Schwäche ihrer Mütter geschickt aus. Sie nutzen diesen Vorteil so, wie es zuweilen ältere Menschen tun, die, wenn sie etwas nicht hören wollen, einfach so tun, als seien sie schwerhörig. Sie wissen genau, daß die Jüngeren mit dem vorurteilsbehafteten Wissen leben, ältere Menschen würden sowieso schlecht hören. Sie benutzen diese Einstellung der anderen, um für sich einen Vorteil daraus zu ziehen. Nicht anders ist es bei Kindern. Sie machen das gleiche, vielleicht weniger bewußt, mit ihren Müttern. Sie spüren, daß man sie permanent unterschätzt und ihnen einen »Kinderbonus« gibt, und nutzen diesen Umstand geschickt für sich aus.

Sie brauchen nur an Situationen zu denken, in denen Ihr Kind Sie Ihrem Ehemann gegenüber auszuspielen versuchte, um vom Vater die Erlaubnis zu bekommen, die Sie ihm als Mutter verweigert haben. Kinder wissen hierbei genau, was sie tun und wie sie es tun müssen, um zum Ziel zu gelangen. Sind sie mit ihrem Vorgehen erst einmal erfolgreich, setzen sie es immer wieder ein.

Denken Sie auch an die Diskussionen, die Sie mit Ihrem Kind führten und führen. Oft argumentieren Kinder so geschickt, daß Sie als Mutter einmal getroffene Entscheidungen widerrufen, obwohl Sie genau wissen, daß Sie mit ihrer Entscheidung recht hatten. Sie geben nach, weil Sie sich »irgendwie« schuldig fühlen oder meinen, daß Sie zu hart mit ihrem Kind waren. Doch in der Regel ist die Empfindung des Sich-schuldig-Fühlens oder des Zu-hart-Seins nichts anderes als die Auswirkung einer geschickt geführten – intuitiv-logischen –

Argumentationsstrategie Ihres Kindes, das Ihre Schwächen zu seinen Gunsten beeinflußt.

Denken Sie ebenfalls daran, mit welcher Leichtigkeit sich Kinder an alles erinnern können, wenn ein Vorteil für sie dabei herausspringt. Und denken Sie daran, mit welcher Leichtigkeit sie alles vergessen, wenn es ihnen keinen Vorteil verschafft.

Wie sehr Kinder zu ausgefeilten Plänen fähig sind, zeigt das folgende Beispiel vom zehnjährigen Markus.

Markus sieht sich gerne eine bestimmte Sendung im Fernsehen an, die um 19.00 Uhr beginnt und um 19.45 Uhr endet. Er weiß aber, daß er um 19.30 Uhr im Bett liegen muß. Es fehlen ihm also fünfzehn Minuten, um die Sendung zu Ende sehen zu können. Trotzdem gelingt es Markus häufig, den Film bis zum Schluß zu sehen, ohne daß es seiner Mutter auffällt. Manchmal kommt es vor, daß sich die Mutter um 20.15 Uhr einen Film ansehen will, der jedoch schon eine Zeitlang zu laufen scheint. Bald stellt sie fest, daß ihre Wohnzimmeruhr und ihre Küchenuhr jeweils um fünfzehn Minuten nachgehen. Als sich ihr Sohn am nächsten Abend wieder seine Lieblingssendung ansieht, muß sie anhand ihrer Armbanduhr feststellen, daß sowohl die Küchen- wie auch die Wohnzimmeruhr eine andere Zeit anzeigen als ihre Armbanduhr.

Immer wieder war es Markus gelungen, die beiden Uhren rechtzeitig vor Beginn seiner Lieblingssendung zu verstellen. War die Sendung zu Ende, gelang es ihm in der Regel, die Uhren in beiden Zimmern wieder richtig zu stellen oder dies am nächsten Morgen nachzuholen.

Im nachhinein fällt der Mutter auf, daß ihr Sohn sie oft für kurze Zeit mit fadenscheinigen Gründen aus der Küche oder aus dem Wohnzimmer gelockt hat.

Erwachsene werden zu wehrlosen Spielfiguren ihrer Kinder, wenn sie ihre Kinder unterschätzen. Erwachsene müssen lernen, ihre Kinder ernst zu nehmen (siehe dazu: Der Mythos vom nicht ernstzunehmenden Kind) und deren Fähigkeiten richtig einzuschätzen. Jede Verniedlichung, jede Bagatellisierung, jede Ausnahmeerklärung, die ein bestimmtes Verhalten entschuldigen soll, ist bei Kindern im allgemeinen und bei Schlaraffenlandkindern im speziellen völlig unangebracht. Sie führen nicht zu Lösungen, sondern nur zur Verstärkung bereits vorhandener Erziehungsprobleme.

Zur Verdeutlichung und zur Vertiefung des bis hierhin Ausgeführten möchte ich noch einmal auf das Ausgangsbeispiel zurückkommen. Zunächst möchte ich es aus der Perspektive der Mutter und dann aus der Perspektive von Stefan betrachten.

Das Ziel von Stefans Mutter ist eindeutig. Sie möchte, daß ihr Sohn um 19.00 Uhr in seinem Bett liegt und schläft. Er soll am nächsten Tag ausgeschlafen sein, wenn er zur Schule geht. Darüber hinaus weiß sie, daß Stefans Laune unerträglich ist, wenn er unausgeschlafen ist. Was sie verständlicherweise vermeiden will. Als Stefan ihr sagt, daß er Durst und Hunger hat, ist für sie selbstverständlich, daß ihr Sohn seine Bedürfnisse befriedigen kann. Zwar hegt sie einen gewissen Zweifel an seinem Hunger, da Stefan erst vor einer Stunde gegessen hat, doch ist verständlich, daß sie diesen Umstand nicht zum Anlaß nimmt, um Stefan das Essen zu verweigern. Daß Stefan seinen Apfel nicht alleine essen will, schmeichelt ihr ein wenig. Es entwickelt sich im Wohnzimmer ein Gespräch zwischen Mutter und Sohn, das sich in die Länge zieht.

Als er ihr bei der nächsten Gelegenheit von seinem Wunsch nach einer Katze erzählt, ist ihr klar, daß sie ihm keine kaufen wird. Aber sie will nicht einfach nein sagen. So entwickelt sich eine Diskussion zwischen den beiden. Daß ihr Sohn Mitleid mit einem Bettler hat und sie fragt, warum es überhaupt Bettler gibt, rührt sie. Es beweist ihr seine soziale Einstellung. Wie könnte sie in einem solchen Moment darauf hinweisen, daß er doch eigentlich schlafen soll, da ihn eine dermaßen wichtige Frage bewegt. Daß er den Namen des Dinosauriers wissen und ihn schreiben will, zeigt ihr, daß er sich bemüht, sich Wissen anzueignen. Auch hierbei will sie seinen »Wissensdurst« nicht unterdrücken.

Obwohl Stefans Mutter mittlerweile wütend auf ihren Sohn ist, weil er immer noch nicht schläft, unterdrückt sie ihren Zorn. Sie will ihren Sohn nicht vor den Kopf stoßen. Eine direkte Angriffsfläche bietet er ihr nicht. Denn alles, was er zwischen 19.30 Uhr und 20.55 Uhr gesagt und getan hat, ist ihrer Meinung nach Ausdruck eines bedürftigen (Hunger, Durst), mitfühlenden (Bettler) und eines wißbegierigen (Bettler, Dinosaurier) Kindes. Diese Faktoren lähmen sie, ihr ursprüngliches Ziel, daß Stefan um 19.00 Uhr schlafen soll, durchzusetzen.

Aus der Perspektive von Stefan stellt sich der Verlauf des Abends folgendermaßen dar. Zwar weiß er genau, daß er um 19.00 Uhr im Bett liegen und schlafen soll, da er aber noch nicht müde ist, sieht er es nicht ein. Er weiß auch, daß er nicht »einfach so« länger aufbleiben darf, da es zum einen gegen die Vereinbarung mit seiner Mutter und zum anderen ganz allgemein gegen ihren Willen verstößt. Das langsame Ausziehen und das Hinauszögern des Waschens und Zähneputzens verschafft ihm die Möglichkeit, ein wenig länger aufzubleiben. Er weiß, daß diese Verzögerungen seiner Mutter nicht gefallen, was ihn aber nicht weiter interessiert. Sein Ziel ist eindeutig: die Schlafenszeit um jeden Preis hinauszuzögern.

Stefan spürt die Verzweiflung, die Zerrissenheit, die unterdrückte Wut seiner Mutter (siehe dazu: Die Leiden der Mütter), während es ihm jedesmal aufs neue gelingt, Abend für Abend mindestens zwei Stunden später zu schlafen, als es zwischen ihm und seiner Mutter abgemacht war. Er kennt ihre Schwächen genau. Er weiß, was er sagen und tun muß, damit die Mutter ihm zuhört, ob sie es nun will oder nicht. Stefan weiß nichts von pädagogischen Prinzipien, von den Erziehungsvorstellungen seiner Mutter. Das braucht er auch nicht zu wissen. Es genügt, daß er weiß, wie und wann er etwas zu seinem Vorteil bei der Mutter verändern kann. Er weiß, wann er seiner Mutter schmeicheln muß. Er weiß, wann es besser ist, sich zurückzuhalten, um die Mutter nicht zu weit zu reizen.

Stefan überlegt sich nicht bewußt seine Schritte, wie er vorzugehen hat, um sein Ziel zu erreichen. Er entwickelt keinen Schlachtplan. Er vertraut unbewußt seiner Intuition, seiner Phantasie und seinen Erfahrungen, die er mit seiner Mutter gesammelt hat. Und so »weiß« er, daß er als ein hungriges und dürstendes, als ein wißbegieriges, gesprächsbereites, liebenswertes und neugieriges Kind auftreten muß, um die Mutter bei ihren Schwachstellen zu fassen.

Er fühlt auch, daß seine Mutter aus irgendwelchen Gründen heraus in ihrem Verhalten ihm gegenüber schwankt. Aus der Sicht der Mutter schwankt sie zwischen einer konsequenten Haltung (ihn endlich ins Bett zu schicken) und ihren Erziehungsvorstellungen (auf seine Bedürfnisse einzugehen und ihn nicht in seiner Entwicklung zu behindern). Er fühlt, daß er solange mit seinen Vorgehensweisen Erfolg hat, wie es ihm gelingt, diese Ambivalenz der Mutter für seine Zwecke auszunutzen.

Natürlich fällt es einer Mutter schwer zu begreifen, daß sie in vielen Alltagssituationen von ihrem Kind benutzt und ausgenutzt wird; daß ihr Kind versucht, seine Interessen ihr gegenüber rücksichtslos und perfide durchzusetzen. Wirkt sich diese Unkenntnis oft schon in normalen Familien katastrophal aus – denn es kostet die Mutter auf Dauer enorme psychische Kräfte, um diese kleinen alltäglichen, aber häufigen Belastungen zu bewältigen –, hat sie für die Mütter von Schlaraffenlandkindern noch weitaus schlimmere Folgen. Denn sie sind – ohne es zu wissen – nichts anderes als Marionetten ihrer Kinder, die geschickt die Fäden zu ziehen verstehen.

Kinder denken und handeln hierbei aufgrund von sehr einfachen, aber sehr wirkungsvollen Wenn-dann-Sätzen. Sie können in der Regel die Ursache und die Wirkung ihres Handelns gut abschätzen. Sagt ein Kind beispielsweise zu seiner Mutter: »Ich möchte jetzt mit dir schmusen!«, »Du hast nie Zeit für mich!«, »Mache mir keinen Streß!«, weiß es genau, wie sie – in der Regel – darauf reagieren wird. Welche Mutter würde das Schmusen mit Ihrem Kind verweigern, wenn dieses ein Bedürfnis danach hat! Welche Mutter würde nicht in irgendeiner Weise darauf reagieren, wenn ihr Kind ihr vorwirft, daß sie keine Zeit für es hat? Und welche Mutter kann es ertragen, daß Sie Ihrem Kind Streß »macht«?

Und doch ist es in bestimmten Situationen angebracht, sich den Wünschen des Kindes zu verweigern. Nämlich dann, wenn Bestandteil seines Plans ist, über das »schlechte Gewissen« der Mutter ein bestimmtes Ziel zu erreichen bzw. einen als unangenehm empfundenen Zustand zu vermeiden. Das Kind weiß, daß es mit dementsprechenden Äußerungen seiner Mutter ein schlechtes Gewissen macht. Es braucht dann nur den entsprechenden »Schalter« zu drücken, und schon ist die Mutter zu allem bereit, was ihr Kind will. Mütter von Schlaraffenlandkindern – aber auch Mütter im allgemeinen – geben in diesem Fall dem Druck des vom Kind herausgeforderten schlechten Gewissens nach.

Dieses schlechte Gewissen fungiert wie eine Art innerer Wächter, der ihnen sagt, wann ihr Verhalten richtig und wann es falsch ist. **Wie bereits zur Thematik des schlechten Gewissens ausgeführt, ist es jedoch der denkbar schlechteste Ratgeber, den man sich vorstellen kann. Das schlechte Gewissen ist nicht echt und nicht wahr, sondern lediglich ein Impuls der inneren Verunsicherung, weil wir plötzlich vor der Entscheidung stehen, etwas anderes zu tun als bisher.** Und dieser Umstand steht nun einmal im Widerspruch zu unserer bisherigen Gewohnheit und Sicherheit in unserem Verhalten.

Kinder, insbesondere Schlaraffenlandkinder, spekulieren mit dem schlechten Gewissen der Mutter, von dem sie ahnen, daß es in ihr existiert. In diesen Momenten werden Mütter in den Händen ihrer Kinder zu Wachs. Die Mutter hinterfragt gewöhnlich nicht die Situation, in der das Kind zum Beispiel sagt: »Ich möchte ja nur kuscheln!« oder »Mach mir bitte keinen Streß!« Das Empfinden des schlechten Gewissens im Moment des ausgesprochenen Wunsches oder Vorwurfs des Kindes lähmt sie, sich anders zu entscheiden als im Sinne des Kindes. Die Mutter hält es nicht für möglich, daß ihr Kind sie mit derartigen Äußerungen bewußt manipulieren will. Doch genau das tut es. Und genau dies wollen die Mütter von Schlaraffenlandkindern nicht wahrhaben. Selbst dann nicht, wenn alles darauf hindeutet und selbst der Ehemann, der Freund, Freunde und Bekannte immer wieder auf diesen Umstand aufmerksam machen. Die Mutter will es einfach nicht sehen. Dabei geht es nicht darum, hinter jeder Äußerung des Kindes eine Lüge oder eine bestimmte Absicht zu vermuten.

Es geht vielmehr darum, dies nicht auszuschließen und wach für solche Momente zu sein, in denen es geschieht.

Mütter von Schlaraffenlandkindern neigen verstärkt dazu, ihre Kinder zu idealisieren. Sie machen sie in ihren Vorstellungen zu tadellosen, reinen und unschuldigen Wesen. Selbst dann, wenn sie die Erfahrung machen, daß ihr Kind sie bewußt anlügt, sie ausnutzt, sie demütigt, beleidigt, entschuldigen sie immer wieder diese Verhaltensweisen ihrer Kinder. Sie verschließen die Augen vor der Realität. Die momentane Erschütterung des fleckenlosen und reinen Bildes vom Kind weicht nur allzuschnell wieder der vertrauten und gewählten Illusion von der Fleckenlosigkeit und Reinheit des Kindes. Sie tun, was ihre Kinder ihnen häufig antun, als eine Ausnahme ab, um ihr Bild vom Kind nicht verändern zu müssen. Mütter lieben die Illusionen, die sie von ihren Kindern haben, und leben von ihnen. Nur: mit Illusionen kann man nicht erziehen.

Mütter, die ihre Kinder dermaßen idealisieren, machen noch einen zweiten, nicht weniger verhängnisvollen Fehler. Sie überlassen es letztlich ihrem Kind zu entscheiden, ob sie eine gute Mutter sind oder nicht. Der Maßstab dafür ist ausschließlich das Kind. Die Bestätigung für das »gute Muttersein« erfahren sie über die Umarmung, das Lächeln, die Dankbarkeit, den Kuß, das Kompliment des Kindes. Dies signalisiert ihnen, daß sie alles richtig gemacht haben. Das Kind hat diesen Mechanismus schnell erkannt und nutzt ihn geschickt für seine Zwecke aus. Doch signalisiert es mit seinen Zuwendungen nur, daß es zufrieden ist, wenn sich die Mutter so verhält, wie das Kind sie haben möchte.

Das schlechte Gewissen hat jedoch auch einen Vorteil, sofern man ihn zu nutzen weiß. Es kann als ein Signal benutzt werden, die eigenen Gedanken und Gefühle, die man in diesem Moment des Empfindens hat, zu reflektieren. Wenn ein

Kind z.B. sagt, daß es jetzt schmusen möchte, ist immer der Zusammenhang zu beachten, in dem das Kind eine solche Äußerung macht. Sagt es dies beispielsweise abends, wenn es schon lange im Bett liegen sollte, weil die abgemachte Zeit zum Schlafengehen bereits überschritten ist, liegt der Verdacht mehr als nur nahe, daß es die Schlafenszeit hinauszögern will. Doch ist dies nicht generell so. Denn es kann genausogut sein, daß sich tagsüber oder sogar mehrere Tage lang, aus welchen Gründen auch immer, keine Zeit finden ließ, um zu schmusen. Beachten Sie also immer den Zusammenhang – den *Kontext* – in dem ein Kind eine Äußerung macht. Ein weiteres Indiz für ein Hinauszögern der Schlafenszeit ist die *Häufigkeit,* in der das Schmusen mit der Mutter vom Kind eingefordert wird. Geschieht diese Einforderung beispielsweise *jeden* Abend *nach* der vereinbarten Schlafenszeit, kann man so gut wie sicher sein, daß es dem Kind nicht primär um das Schmusen, sondern nur darum geht, länger aufbleiben zu wollen. In solchen Situationen ist es immer angebracht, dem Kind deutlich zu machen, daß es schlafen soll und daß nicht mehr geschmust wird.

Dies mag trotz des oben Gesagten für manche Mütter hart klingen. Doch ist es wichtig, sich zu verdeutlichen, daß das Kind eben andere Zwecke verfolgt als zu schmusen. Es ist kein »echtes Schmusen«, so sehr das Kind es in diesem Moment auch genießen mag. Sein dahinterstehendes Ziel ist ein anderes. Und einem anderen Menschen für die Erreichung seines Ziel etwas vorzumachen, bedeutet, diesen Menschen für seine Zwecke zu mißbrauchen, zu manipulieren. Je mehr das Kind nun die Erfahrung macht, daß es die *Macht* dazu hat, die anderen dies offensichtlich nicht bemerken und es dafür sogar noch belohnt wird, desto mehr wird diese Verhaltensweise zu einem Persönlichkeitsmerkmal des Kindes, des Jugendlichen und des späteren Erwachsenen werden. Es wird sich in partnerschaftlichen Beziehungen immer wieder in negativer Weise zeigen.

Eine Mutter, deren Kind ihr vorwirft, »Streß zu machen«, muß überprüfen, ob es sich wirklich so verhält oder ob das Kind nicht vielmehr versucht, einer Verpflichtung zu entgehen, zu der es keine Lust hat (beispielsweise eine Hausarbeit zu erledigen). Dasselbe gilt für das dritte Beispiel. Eine Mutter, die von ihrem Kind vorgeworfen bekommt, keine Zeit für es zu haben, ist dazu aufgerufen, darüber nachzudenken, ob das Kind damit recht hat oder nicht und ob es diese Äußerung nur zur Erreichung eines bestimmten Zieles eingesetzt hat.

Der Maßstab für die Entscheidung, ob die Äußerung eines Kindes zutreffend ist oder nicht, liegt nicht beim Kind, sondern ausschließlich beim Erwachsenen. Das Kind ist nicht dazu in der Lage, Situationen so zu überblicken und zu überprüfen wie Erwachsene. Eine für das Kind unpopuläre Entscheidung kann durchaus – im Hinblick auf die weitere psychische Entwicklung des Kindes – die richtige Entscheidung sein.

Lösungsstrategien

Welche Möglichkeiten haben Sie nun als Mutter, um nicht zur Marionette Ihres Kindes zu werden bzw. es zu bleiben?

Zunächst einmal müssen Sie für sich eine Entscheidung treffen: die Entscheidung, sich aus dem Netz dieses Mythos wie das der anderen befreien zu wollen.

Dies ist der erste Schritt auf dem Weg zur Veränderung.

Dieser erste Schritt ist nicht leicht, denn es ist Ihre Aufgabe, sich von einigen liebgewonnenen Illusionen über das Kind-Sein an sich und über Ihr eigenes Kind zu verabschieden. Die Motivation, genau dies zu tun, haben Sie im Abschnitt über den Mythos von der grenzenlosen Liebe bekommen. Wenn Sie wollen, daß Ihr Kind nicht zu einem Schlaraffenlandkind wird oder eines bleibt und nur zu passiver Liebe fähig sein wird, müssen Sie sich und Ihrem Kind die Chance geben, neue Lern- und Lebenserfahrungen zu machen. Was nichts anderes bedeutet, als sich darüber klarzuwerden, daß ein Kind nur dann wirklich liebesfähig wird, wenn es die Erfahrung macht, daß der Befriedigung seiner Interessen Schranken gesetzt sind. Als Mutter oder als Vater müssen Sie Ihrem Kind Türen verschließen, damit es andere Wege gehen kann als die, sich auf Kosten anderer durchzusetzen.

Im folgenden werde ich Ihnen nun das Drei-Phasen-Modell der Einstellungsveränderung vorstellen. Mit seiner Hilfe wird es Ihnen im Laufe der Zeit gelingen, Ihre Einstellungen und Verhaltensweisen im Umgang mit Ihrem Kind soweit zu verändern, daß sich seine Schlaraffenland-Mentalität zurückbildet bzw. sich überhaupt nicht erst ausbildet.

Hierbei kommt es zu einem Verdoppelungseffekt. Gelingt es Ihnen, Ihre bisherigen Einstellungen und Verhaltensweisen Ihrem Kind gegenüber zu verändern, wird sich dies mit der Zeit automatisch auf die Einstellungen und Verhaltensweisen Ihres Kindes auswirken. Ihr verändertes Verhalten bewirkt bei Ihrem Kind ein verändertes Verhalten.

Wenn ein Kind spürt, daß es mit bestimmten Maßnahmen sein gewohntes Ziel nicht erreichen kann, hat es mehrere Möglichkeiten, um auf die veränderte Einstellung und auf die veränderten Verhaltensweisen der Mutter zu reagieren. Zum einen kann es die Veränderung verleugnen. Dann wird sich das Kind wie bisher verhalten und davon ausgehen, daß die Veränderung der Mutter keine Bedeutung hat und sich schon wieder alles »normalisieren« wird. Im zweiten Fall wird es seine bisherigen Anstrengungen vergrößern bzw. verdoppeln, um seine Interessen wie bisher durchzusetzen. In diesem Fall erwartet Sie als Mutter eine erhöhte psychische Anspannung, die jedoch nur von relativ kurzer Dauer sein wird. Denn begreift das Kind, daß die Mutter nicht wieder in ihr gewohntes Verhalten zurückfällt, wird es schließlich aufgeben und sich den neuen Gegebenheiten anpassen. Was aber noch nicht heißt, daß von diesem Zeitpunkt an alles überstanden ist. Ihr Kind wird noch für eine ganze Weile versuchen, Schwächephasen – die jeder Mensch hat – für seine Zwecke auszunutzen, um das »Ruder wieder herumzureißen«. Auf jeden Fall wird es alle Register seines Könnens ziehen und Sie durch einen »Nervenkrieg« oder durch ein besonders auffälliges liebenswertes und charmantes Verhalten umzustimmen versuchen. Bleiben Sie jedoch konsequent in ihrem Verhalten und lassen sich durch nichts beirren, wird sich der Erfolg früher oder später einstellen.

Das Drei-Phasen-Modell der Einstellungsveränderung gliedert sich dabei wie folgt:

- Phase 1: Erkennen
- Phase 2: Handeln
- Phase 3: Klären

Phase 1: Erkennen

Die erste Phase ist dadurch gekennzeichnet, daß Sie sich bemühen zu erkennen, *wie* sich Ihr Kind in bestimmten Situationen Ihnen gegenüber verhält. Wobei Sie sich zunächst einmal mit dem Gedanken vertraut machen, daß Ihr Kind im Zusammenleben mit Ihnen alles andere als wehrlos ist. Vergegenwärtigen Sie sich also Situationen, in denen Sie den Eindruck bzw. den Verdacht hatten, daß Ihr Kind sich gegen Sie, gegen andere Erwachsene oder gleichaltrige Kinder gut hat durchsetzen können. Betrachten Sie diese Situation unter der Perspektive des in diesem Abschnitt Ausgeführten. Möglicherweise fallen Ihnen auch konkrete Beispiele dazu ein, wo Sie sich von Ihrem Kind »hereingelegt« fühlten.

Nachdem Sie sich an diese Ereignisse erinnert haben, verdeutlichen Sie sich bitte, wie Sie selbst als Kind waren! Erinnern Sie sich möglichst genau an Situationen in Ihrer Kindheit, in denen Sie Ihre Interessen gegenüber Ihren Eltern erfolgreich durchgesetzt haben! Stellen Sie sich diese Situationen vor Ihrem geistigen Auge so plastisch wie möglich vor! Je plastischer Sie sich diese Situationen vorstellen, um so besser werden Sie sich erinnern können!

Stellen Sie sich dann die Frage, ob Sie damals ähnliche Strategien verwendet haben, um sich durchzusetzen, wie Ihr Kind heute? Wie alt waren Sie jeweils in den erinnerten Situationen, wo Sie alles andere als wehrlos und naiv waren? Erinnern Sie sich noch an Ihre eigene Mächtigkeit als Kind? Vielleicht können Sie sogar noch die Gefühle nachempfinden, die Sie damals hatten, als Sie sich stärker als Ihre Eltern empfanden? Schreiben Sie sich diese Situationen auf! Denken Sie ausführlich darüber nach!

Haben Sie diese Schritte vollzogen, listen Sie solche Alltagsereignisse auf, bei denen Ihr Kind Ihrer Meinung nach Ihre Anordnungen oder getroffene Absprachen bewußt unterläuft bzw. unterlaufen könnte. Dabei kann es sich um Situationen handeln, in denen Ihr Kind die Erledigung seiner Hausaufgaben vor sich herschiebt, versucht, sich vor häuslichen Pflichten zu drücken, Kaufwünsche durchzusetzen, länger als abgesprochen fernzusehen etc.

Suchen Sie aus dieser Liste ein Ereignis heraus, von dem Sie meinen, daß es sich am leichtesten ändern ließe. Es hat keinen Sinn, mit einer schwierigen Situation zu beginnen, weil

Ihnen Ihr Kind in diesem Fall den massivsten Widerstand entgegenbringen würde. Machen Sie sich klar, daß Sie Ihrem Kind zunächst nicht soviel Widerstand entgegensetzen können, wie umgekehrt Ihr Kind es Ihnen gegenüber vermag. Es ist nun einmal viel geübter als Sie, seine Ziele konsequent zu verfolgen und durchzusetzen. Konzentrieren Sie sich also vielmehr auf ein Ereignis, das Ihnen zum Durchsetzen am vielversprechendsten erscheint.

Sie haben sich ein Ereignis herausgesucht! Warten Sie nun ab, bis sich dieses Ereignis wiederholt! Greifen Sie noch nicht ein! Es viel wichtiger, daß Sie erst einmal die Situation bewußt beobachten und sich Ihre Gedanken zu den Reaktionen Ihres Kindes in dieser Situation machen. Je bewußter und kritischer Sie Ihr Kind beobachten, um so schneller werden Ihnen die Mechanismen deutlich, die Ihr Kind einsetzt, um seinen Willen durchzusetzen. In der Phase der Erkennung geht es noch nicht um konkretes Handeln. Dies ist der nächsten Phase vorbehalten. Es geht vielmehr darum, daß Sie sich mit den Verhaltensweisen Ihres Kindes und seiner Vorgehensweise möglichst genau vertraut machen. Möglicherweise werden Sie bei der Beobachtung eine verstärkte Wut und einen vermehrten Zorn verspüren, weil Ihnen bewußt wird, wie Ihr Kind Ihre Anordnungen absichtlich hinauszögert. Doch lassen Sie sich zu keinen unbedachten Äußerungen hinreißen. Achten Sie nur darauf, wie Ihr Kind – das Ihre unterdrückte Wut spüren wird – in diesen Momenten intuitiv auf Sie reagiert! Verändert es sein Vorgehen? Zieht es sich zurück, weil es weiß, daß Sie kurz vor einem Wutausbruch stehen, um nach einiger Zeit, wenn Ihr Zorn verraucht ist, einen neuen Versuch zu starten? Ist es möglicherweise liebevoller und zärtlicher zu Ihnen? Sie werden die Erfahrung machen, daß sich Ihr Kind Ihren inneren Zuständen häufig perfekt anzupassen versteht.

Die einzelnen Schritte innerhalb der Phase 1

- Wie genau verhält sich mein Kind
- Sammeln von Ereignissen
- Eigene Kindheitserinnerungen
- Auflistung von Ereignissen
- Heraussuchen eines Ereignisses
- Beobachtung des Kindes in der Situation
- Vertraut machen mit seinen Vorgehensweisen

Phase 2: Handeln

Sie haben sich nun intensiv mit dem Ereignis, daß Sie verändern wollen, auseinandergesetzt. Jetzt geht es darum, daß Sie Ihr Verhalten in der konkreten Situation verändern. Warten Sie das Eintreffen des nächsten Ereignisses ab!

Beachten Sie jedoch unbedingt einige wichtige Verhaltensregeln, bevor Sie Ihr Kind mit Ihrem neuen Verhalten konfrontieren. Wenn Sie mit Ihrem Kind reden, dann:

- Sehen Sie Ihrem Kind fest in die Augen!
- Reden Sie mit fester, ernster und auch strenger Stimme!
- Sprechen Sie im Imperativ zu Ihrem Kind: »Geh jetzt...!«, Du wirst sofort...!«
- Machen Sie in einem kurzen Satz Ihren Standpunkt klar!
- Lassen Sie sich auf keine Diskussionen ein!
- Nehmen Sie nichts von dem, was Sie gesagt haben, wieder zurück!
- **Bleiben Sie konsequent!**

Dies sind unumgängliche Voraussetzungen, um in der Phase des Handelns auf Dauer erfolgreich zu sein. Sehen Sie Ihrem Kind direkt in die Augen, so wird es sofort spüren, daß es Ihnen mit dem, was Sie sagen, ernst ist. Unterstreichen Sie Ihr Vorgehen mit einer im Ton festen, ernsten und strengen Stimme. Erinnern Sie sich dabei an die Situationen, in denen Sie so zornig auf Ihr Kind waren, daß Sie mit einem gefährlichen Unterton in der Stimme zu Ihrem Kind gesprochen haben. Sie mögen ihm vorher mehrere Male mit normaler – vielleicht sogar bittender und flehender – Stimme eine Aufforderung mitgeteilt haben, auf die es nicht reagierte. Dann wurde Ihre Stimme plötzlich drohender, und sofort kam Ihr Kind Ihrer Aufforderung nach. Kinder wissen genau, wann die Grenze ihrer Verweigerungen erreicht ist. Die Tonlage Ihrer Stimme zeigt ihnen, wann dieser Zeitpunkt gekommen ist. Warum wollen Sie Ihr Kind mehrere Male und vergeblich im bittenden Ton zu etwas auffordern, wenn Sie doch wissen, daß es auf diese Art der Aufforderungen nicht reagieren wird? Sprechen Sie sofort mit Ihrer wirkungsvollen Stimme, und Sie werden die Erfahrung machen, daß Sie sich viel Zeit und viel Ärger ersparen können. **Wenn Sie lang und breit Ihre Aufforderungen erklären oder sogar bittend formulieren, wird Ihr Kind nicht darauf reagieren. Es nimmt Sie in diesen Augenblicken nicht ernst.** Deshalb sprechen Sie Ihre Aufforderungen immer im Imperativ aus. Lassen Sie sich auf eine Diskussion mit Ihrem Kind ein, verwässern Sie bereits Ihren Erfolg. Denn nun wird Ihr Kind Argument um Argument aneinanderreihen, um Sie zu überzeugen, wie falsch Sie sich verhalten. Seine Argumente sind natürlich nicht ausgewogen. Sie berücksichtigen nur einseitig seine Interessen. Es geht Ihrem Kind nur um die Erreichung seines Zieles. Es wird an Ihr schlechtes Gewissen appellieren, an Ihre Güte, etc. Vermeiden Sie also Diskussionen! Lassen Sie diese überhaupt nicht erst aufkommen! Unterbrechen Sie sie sofort! Nehmen Sie auch nur einen Teil Ihrer Aufforderungen zurück, haben Sie bereits verloren. Dann weiß Ihr Kind, daß es nur hartnäkkig zu sein braucht, um doch noch den gewünschten Erfolg (und wenn nur als Teilsieg) zu haben. Das wichtigste Instrumentarium, das Ihnen zur Verfügung steht, um sich erfolgreich gegenüber Ihrem Kind durchzusetzen, ist Ihr konsequentes Handeln. Verspielen Sie diese Chance nicht!

Verdeutlichen Sie sich jedoch, daß Ihr Kind Ihnen zunächst nicht unbedingt abnehmen wird, daß Sie das, was Sie sagen, ernst meinen. Auch wenn Sie sich in einer Situation erfolgreich durchgesetzt haben, heißt dies nicht, daß Sie nun einen vollständigen Sieg errungen haben. Mütter mit denen ich zusammengearbeitet habe, sind nach kurzfristigen Erfolgen oft sehr euphorisch. Doch vergessen sie dabei nur zu leicht, daß eine gewonnene Schlacht noch kein endgültiger Sieg ist. Das Kind wird noch mehrere Anläufe unternehmen, um seinen Willen durchzusetzen. Es wird auf Ihre Schwächephasen warten, Sie mit einem kurzfristigen besonders liebevollen Allgemeinverhalten »einlullen«. Lassen Sie sich davon nicht beeindrucken! Bleiben Sie auch weiterhin in Ihrem Verhalten konsequent. Reagieren Sie in der von Ihnen ausgesuchten Situation immer gleich, und beachten Sie dabei stets die eben ausgeführten Verhaltensregeln. Nur wenn sich Ihr Verhalten nicht verändert und damit stabil bleibt, kann sich Ihr Kind an Ihrem Verhalten ausrichten und die sich wiederholende Erfahrung machen, daß Sie hinter dem, was Sie sagen, auch hundertprozentig stehen.

Der nächste Schritt beinhaltet die genaue Planung Ihres Vorgehens in der von Ihnen ausgewählten Situation. Legen Sie sich einen Standardsatz zurecht! Wenn Sie Ihr Kind zu etwas auffordern wollen, dürfen Sie keine Unsicherheit zeigen. Deshalb ist es sinnvoll, wenn Sie sich einen Satz zurechtlegen, der Ihnen in der kommenden Situation Sicherheit geben wird. Wollen Sie beispielsweise, daß Ihr Kind sein Zimmer jetzt aufräumen soll und nicht erst in ein paar Stunden oder überhaupt nicht, dann formulieren Sie einen Satz, der genau dies beinhaltet. Dieser Satz sollte im Imperativ stehen. Aus ihm muß eine zeitliche Zuordnung hervorgehen, d.h. »Du räumst *jetzt sofort* dein Zimmer auf!« Sie werden jetzt möglicherweise erwidern, daß Sie derartige Sätze schon häufig gebraucht haben. Dies will ich auch überhaupt nicht in Abrede stellen. Aber ein solcher Satz wirkt nur, wenn Sie die oben genannten Verhaltensregeln exakt beachten. Hinzu kommt, daß Sie in der Situation, in der Sie Ihrem Kind diesen oder einen ähnlichen Satz sagen, unter keinen Umständen einen »Rückzieher« machen dürfen. In dieser Situation geht es nur darum: Mein Kind setzt sich durch oder ich! Selbst dann, wenn Ihr Kind keinerlei Anstalten macht, Ihrer Aufforderung nachzukommen, müssen Sie beharrlich sein. Kein Weinen, kein Schreien, keine Mißachtung darf Sie verunsichern. Sie bleiben so lange bei Ihrem Kind, bis Ihr Kind tut, was Sie sagen. Seien Sie beharrlich. In der Regel geben Mütter ja nur so schnell auf, weil ihr Vorgehen innerhalb kürzester Zeit keinen Erfolg bringt. Reagiert Ihr Kind also immer noch nicht, drohen Sie ihm eine Konsequenz an und überlassen ihm damit die Entscheidung, was es tun will. Sagen Sie ihrem Kind, daß es nicht nach draußen zum Spielen darf (wenn es das gerne tut oder eine Verabredung hat), daß es heute nicht mehr mit seinem Supernintendo spielen oder nicht mehr fernsehen darf. Gerade bei jüngeren Kindern ist es wichtig, daß Sie die angedrohte Konsequenz möglichst unmittelbar ausführen, damit es den Zusammenhang zwischen seiner Verweigerung, einer Anordnung Folge zu leisten, und der Konsequenz seiner Verweigerung erkennen kann.

Sprechen Sie jedoch niemals eine Drohung aus, die Sie nicht auch bereit sind einzulösen. Sie *müssen* konsequent bleiben, um Ihre Glaubwürdigkeit bei Ihrem Kind nicht zu verlieren.

Spielen Sie Ihr Vorgehen in Gedanken mehrmals durch, bevor Sie es in die Tat umsetzen. Stellen Sie sich vor, wie Sie mit Ihrem Kind in der von Ihnen ausgewählten Situation reden! Machen Sie sich klar, was alles schiefgehen könnte, und versuchen Sie eine eindeutige und klare Reaktion und Antwort darauf zu finden. Da Sie Ihr Kind gut kennen, wird es Ihnen nicht weiter schwerfallen, seine möglichen Reaktionen in Gedanken durchzuspielen und in Ihr Verhalten mit einzubeziehen.

Führen Sie Ihr Vorgehen aus!

Die einzelnen Schritte innerhalb der Phase 2

- Beachtung der Verhaltensregeln
- Planung des eigenen Vorgehens
- Gedankliches Durchspielen der Situation
- Ausführung

Phase 3: Klären

In der dritten Phase geht es um die Reflexion – die Nachbetrachtung – Ihres neuen Verhaltens und Ihres neuen Vorgehens. Zunächst werden Sie aller Wahrscheinlichkeit nach Ihr Verhalten und Ihr Vorgehen als nicht zu Ihnen passend empfinden. Es wird Ihnen fremd vorkommen, und möglicherweise werden Sie sich dabei auch unwohl fühlen. Die Frage wird Sie quälen, ob es richtig war, so konsequent mit Ihrem Kind geredet und so unnachgiebig gehandelt zu haben. Vielleicht machen Sie sich Sorgen, daß Ihnen Ihr Kind auf Dauer übelnimmt, wenn Sie sich so verhalten und Sie nun seine Liebe verloren haben oder sie verlieren könnten. Eventuell denken Sie auch darüber nach, ob Ihr Kind durch Ihr Vorgehen nicht einen seelischen Schaden entwickeln könnte (siehe dazu: Der Mythos vom seelisch zerbrechlichen Kind). Auch besteht die hohe Wahrscheinlichkeit, daß Sie während oder auch nach der Situation ein »schlechtes Gewissen« bekommen werden. Diese gerade beschriebenen Überlegungen und Empfindungen sind letztlich der Grund dafür, daß ein konsequentes Verhalten und Vorgehen nur kurzfristig oder nur halbherzig erfolgt. Und dauerhafter Erfolg stellt sich dann natürlich nicht ein. Sie werden wieder in Ihr altes und gewohntes Verhalten zurückfallen, und der momentane Erfolg, den Sie errungen haben, wird wirkungslos verpuffen. Deshalb ist es so wichtig, daß Sie alle Ihre diesbezüglichen Gedanken bzw. Phantasien und Gefühle reflektieren und auf ihren realistischen Gehalt hin überprüfen. So ist es unumgänglich, daß Sie sich Ihre Gefühle und Gedanken bewußtmachen und Ihr möglicherweise empfundenes schlechtes Gewissen analysieren.

Im folgenden werde ich Ihnen eine Möglichkeit vorstellen, die es Ihnen erlaubt, Ihre Gedanken und Gefühle bewußtzumachen und sie auf ihren Realitätsgehalt hin zu überprüfen.

Alles, was Sie denken, schlägt sich letztlich auch in Ihren Gefühlen nieder. Oft sind die Gedanken und Gefühle, die Sie zu bestimmten Ereignissen und Personen haben, aber nicht realistisch, sondern geben nur Ihre Phantasien und Befürchtungen wieder. Viele Gedanken, die Menschen haben, laufen dabei automatisch ab. In bestimmten Situationen sind sie schlagartig da und lösen bestimmte Gefühle in uns aus. Es gilt, diese automatischen Gedanken wieder bewußt werden zu lassen. Denn erst dann ist es uns möglich, diese Gedanken und damit auch unsere Gefühle dahingehend zu überprüfen, ob sie zutreffend sind.

Schreiben Sie bitte alle Ihre Gedanken auf, die Ihnen sagen, daß es falsch war, sich gegenüber Ihrem Kind so konsequent verhalten zu haben. Dies können Gedanken sein wie »Ich bin zu hart zu meinem Kind gewesen!«, »Liebe ich mein Kind eigentlich, wenn ich mich so verhalte?«, »Ich bin eine schlechte Mutter!« oder Phantasien wie »Mein Kind wird mich jetzt hassen!«, »Wenn ich mich weiterhin so verhalte, wird mein Kind seelischen Schaden nehmen!«

Gehen Sie dabei im einzelnen – unter Verwendung des Spaltenschemas auf Seite 131 – vor:

Notieren Sie zunächst den automatischen Gedanken bzw. die Phantasie wie z.B. »Ich habe meinem Kind unrecht getan!« Dann schätzen Sie nach Ihrem Gefühl den Wahrheitsgehalt dieses Gedankens ein (Glauben Sie, daß dieser Gedanke richtig ist?). Benutzen Sie dabei zur Bewertung eine Skala von 0–10. Die 0 bedeutet, daß Sie diesem Gedanken keine Wahrheit zusprechen, die 10 bedeutet, daß Sie davon überzeugt sind, Ihrem Kind unrecht getan zu haben. Die anderen Ziffern von 1–9 geben die Maße zwischen diesen beiden extremen Werten (0 und 10) an. Im Beispiel: »Ich habe meinem Kind unrecht getan!« soll der Wert für den Wahrheitsgehalt dieses Gedankens 8 betragen. Tragen Sie also die 8 in die zweite Spalte des Schemas ein.

Notieren Sie nun – stichwortartig – die Gedanken bzw. Argumente, die gegen den automatischen Gedanken sprechen könnten. Dies können z.B. folgende Argumente sein: »Es hat gegen die vereinbarte Abmachung verstoßen!«, »Es hat meine Anordnung bewußt hinausgezögert!« Danach schätzen Sie den Wahrheitsgehalt dieser Argumente für sich ein und tragen den Wert in die dafür vorgesehene Spalte ein.

Hierbei können sich drei Möglichkeiten ergeben.

Die *erste* Möglichkeit ist die, daß sich trotz der Gegenargumente der Wahrheitsgehalt des automatischen Gedankens für Sie nicht verändert hat. In diesem Fall tragen Sie in der vierten Spalte eine 2 ein (10 Punkte konnten Sie insgesamt vergeben. 8 Punkte stehen für den Wahrheitsgehalt des automatischen Gedankens. Da Sie aber diesem Gedanken nicht zehn Punkte gegeben haben, sind Sie nicht ganz von der Richtigkeit des automatischen Gedankens überzeugt. Sie tragen eine 2 für den Wahrheitsgehalt des realistischen Gedankens ein).

Die *zweite* Möglichkeit besteht darin, daß sie nun vollständig von der Richtigkeit des automatischen Gedankens überzeugt sind. Streichen Sie die Zahl 8 durch und schreiben Sie eine 10 in die zweite Spalte.

Die *dritte* Möglichkeit – wie in Abbildung 1 als Beispiel ausgeführt – besteht darin, daß sich aufgrund der Gegenargumente Ihre gefühlsmäßige Einschätzung vom Wahrheitsgehalt des automatischen Gedankens verändert hat. Nehmen wir an, Sie tragen in der vierten Spalte eine 7 ein. Dann korrigieren Sie die 8 in der zweiten Spalte und schreiben darunter die Zahl 3 (zur besseren Übersichtlichkeit: siehe dazu Abbildung 2). In diesem Fall hat sich Ihre eigentliche Überzeugung verändert, und Sie haben eine andere Einstellung zu Ihrer bisherigen Überzeugung gewonnen.

Es erfordert ein wenig Übung, bis Ihnen das Ausfüllen des Schemas geläufig geworden ist. Dann wird es Ihnen jedoch leichtfallen, die einzelnen Spalten auszufüllen. Notieren Sie dabei bitte grundsätzlich die Zahlenwerte in den dafür vorgesehenen Spalten in zwei unterschiedlichen Farben, damit die Veränderungen in Ihren Einstellungen deutlich werden.

Der Vorteil dieser Aufschreib-Methode liegt darin, daß Sie

Beispiel für das Spaltenschema
Abbildung 1

Automatischer Gedanke	Einschätzung des Wahrheitsgehaltes	Realistische Gedanken/ Gegenargumente	Einschätzung des Wahrheitsgehaltes
Ich habe meinem Kind unrecht getan!	10 8 0	Es hat gegen die vereinbarte Abmachung verstoßen!	10 (7) 0
		Es hat bewußt meine Anordnung hinausgezögert!	

Abbildung 2
Veränderung der Einschätzung

Automatischer Gedanke	Einschätzung des Wahrheitsgehaltes	Realistische Gedanken/ Gegenargumente	Einschätzung des Wahrheitsgehaltes
Ich habe meinem Kind unrecht getan!	10 3 0	Es hat gegen die vereinbarte Abmachung verstoßen!	10 7 0
		Es hat bewußt meine Anordnung hinausgezögert!	

nun eine Möglichkeit haben, sich von Ihren automatischen Gedanken und Gefühlen nicht beherrschen zu lassen. So können Sie mit der Zeit lernen, sich selbst und andere – insbesondere Ihr Kind – besser, d.h. realistischer und damit der Situation angemessener einzuschätzen. Sie werden auf diese Weise in Ihrem neuen Verhalten und Vorgehen sicherer. Ein weiterer Vorteil ist, daß Sie sich durch diese Methode von der allmählichen Veränderung Ihrer Einstellungen direkt überzeugen können. Denn je höher die Zahlen in der letzten Spalte im Laufe der Zeit werden, um so mehr haben sich Ihre Einstellungen im Umgang mit Ihrem Kind zum Positiven verändert und sicherer sind Sie in Ihrer neuen Einstellung geworden. Diese Methode habe ich mit einer Reihe von Müttern durchgeführt. Nach einer anfänglich verständlichen Skepsis haben die Mütter die Vorteile dieser Methode schätzen gelernt.

Jede Veränderung in der Einstellung zum Kind braucht jedoch seine Zeit. Rückfälle in gewohntes Verhalten sind dabei nicht zu vermeiden. Sie gehören zum Prozeß der Veränderung dazu. Stellen Sie sich vor, Sie würden sich dazu entschließen, nicht mehr mit der rechten Hand, sondern von nun an mit der linken Hand zu schreiben. Da sie gelernt haben, mit der rechten Hand zu schreiben, werden Sie anfänglich große Probleme haben, mit der linken Hand zu schreiben. Mit der Zeit werden Sie jedoch immer besser mit der linken Hand schreiben. In dieser Zeit der Umgewöhnung wird Ihnen jedoch häufig auffallen, daß Sie manchmal wieder instinktiv mit der rechten Hand schreiben. Sobald es Ihnen jedoch auffällt, schreiben Sie wieder bewußt mit der linken Hand. Dies geschieht so lange, bis Sie sich daran gewöhnt haben, mit der linken Hand zu schreiben.

Genauso ist es, wenn Sie Ihr Verhalten und Ihr Vorgehen im Umgang mit Ihrem Kind verändern. So sehr Sie sich auch darüber ärgern werden, zeitweise werden Sie in das Ihnen bekannte und vertraute Verhalten zurückfallen. Aber dies darf Sie nicht beunruhigen. Es gehört zum Menschsein dazu, an alten Gewohnheiten zu hängen und sie nur mit der Zeit überwinden und dabei neue und bessere Gewohnheiten entwikkeln zu können. Die Schritte der Veränderung von einem alten zu einem neuen Verhalten bzw. einer neuen Einstellung verlaufen dabei in der Regel folgendermaßen:

Von der automatischen Einstellung
- zur Bewußtmachung der Einstellung
- zur Reflexion (Nachdenken, Diskutieren, Ausprobieren) der Einstellung
- zur Veränderung der Einstellung

durch das ständige Durchführen des neuen Verhaltens und des neuen Vorgehens
- zur gefühlsmäßigen Einsicht
- zur neuen positiven Automatisierung

Dabei verschwinden die alten Gewohnheiten oder Einstellungen jedoch nie vollständig, so als hätten sie nie existiert. In Krisensituationen, insbesondere in den Phasen, in denen Sie sich schwächer fühlen, werden sie wieder zum Vorschein kommen. Eine Mutter erzählte mir folgenden Vorfall: Sie hatte sich über einen längeren Zeitraum erfolgreich gegenüber ihrem Sohn durchgesetzt. Weshalb das häusliche Klima für alle zunehmend entspannter wurde. Dann erkrankte die Mutter plötzlich an einem schweren grippalen Infekt. Sie hatte hohes Fieber. Ihr neunjähriger Sohn nutzte die Schwächephase seiner Mutter aus und fiel wieder in sein altes Verhalten zurück. Da die Mutter zu schwach war, um sich erfolgreich gegen ihren Sohn zu Wehr zur setzen, fiel sie ebenfalls in ihre alten unproduktiven Verhaltensweisen zurück. Der Sohn räumte sein Zimmer nicht mehr auf, beschimpfte seine Mutter wie früher, ließ seine Kleidungsstücke auf dem Boden liegen. Als es der Mutter gesundheitlich wieder besser ging, konnte sie bereits nach kurzer Zeit wieder an ihre Erfolge anknüpfen.

Der vorübergehende Rückfall in alte, unproduktive Verhaltensweisen ist nicht weiter problematisch.

Sobald die Phase der Schwäche wieder überwunden ist, kehren Sie zu Ihrer neuen erfolgreichen Verhaltens- und Vorgehensweise zurück.

Die einzelnen Schritte innerhalb der Phase 3

- Bewußtmachen der Gedanken und Gefühle
- Analyse der Gedanken und Gefühle
- Ständige Reflexion der Gedanken und Gefühle
- Erwerb neuer Einstellungen mit der Zeit

Die Einfügung des Drei-Phasen-Modells in das Eingangsbeispiel

Zur besseren Verdeutlichung des bis hierhin Ausgeführten soll nun das Eingangsbeispiel von Stefan und seiner Mutter in das Drei-Phasen-Modell eingefügt werden.

In der *Phase 1* begann Stefans Mutter sich zunächst zu verdeutlichen, wie ihr Sohn sich in Situationen, in denen sie ihn für wehrlos bzw. naiv hielt, wirklich verhielt. Sie erinnerte sich an Ereignisse aus der näheren und entfernteren Vergangenheit zurück, in denen sie den Verdacht verspürt hatte, daß Stefan »ein Spiel« mit ihr spielte. Auf diese Weise machte sie sich mit dem Gedanken vertraut, daß sie ihren Sohn in seinen Verhaltensmöglichkeiten bislang weit unterschätzt hatte.

Danach begann sie, sich intensiv an ihre eigene Kindheit zurückzuerinnern, und fand viele Beispiele, in denen sie sich ähnlich wie Stefan verhalten hatte. Sie machte sich die Fähigkeiten klar, die sie bereits als Kind gehabt und mit denen sie sich erfolgreich gegenüber ihren Eltern durchgesetzt hatte. Schrittweise wurde ihr deutlich, daß Kinder nicht so wehrlos sind, wie es auf den ersten Blick den Anschein hat.

Dann listete Stefans Mutter die Situationen auf, die sie verändern wollte, und suchte sich ein Ereignis heraus, von dem sie fand, daß es am leichtesten zu bewältigen sei. An den nächsten Abenden beobachtete sie ihren Sohn genau. Je mehr sie ihn beobachtete, um so überzeugter wurde sie, daß Stefan sie jeden Abend »bewußt« ausnutzte. Sie verspürte in einzelnen Augenblicken eine starke Wut, die sie zwar nicht direkt äußerte, sich aber anmerken ließ. Und bemerkte, daß Stefan ihre Emotionen wahrnahm und geschickt darauf reagierte. Er verließ schneller das Wohnzimmer und wartete eine Zeitlang ab, bis er wieder ins Wohnzimmer zurückkam oder versuchte, seine Mutter aufzuheitern oder besonders schmusig zu sein.

Sie beobachtete Stefan über mehrere Abende und wurde in ihrer Einschätzung – was sein absichtliches Verhalten betraf, die Schlafenszeit hinauszuzögern – immer sicherer.

In der *Phase 2* übte sie vor dem Spiegel (aber auch in mehreren Sitzungen mit mir) die nötigen Verhaltensregeln ein. Sie konzentrierte sich auf den Augenkontakt und veränderte den Tonfall ihrer Stimme so lange, bis sie fest, streng und angemessen ernst klang. Sie legte sich mehrere kurze Sätze zurecht, mit denen sie Stefan konfrontieren wollte. Dabei machte sie sich immer wieder klar, daß sie keine Diskussionen mit ihrem Sohn führen und ihren Standpunkt nicht verändern wollte. Sie nahm sich fest vor, schon beim ersten Versuch von Stefan, die Schlafenszeit hinauszuzögern, in der geplanten Weise vorzugehen und im schlimmsten denkbaren Fall Stefan entweder direkt wieder in sein Zimmer zu bringen oder sogar die Küchentür und die Wohnzimmertür abzuschließen.

Dann führte sie an einem Abend, an dem sie sich geistig und körperlich sehr gut fühlte, ihr Vorhaben durch.

Stefan liegt um 19.25 Uhr im Bett. Um 19.30 Uhr kommt er ins Wohnzimmer und will seiner Mutter sein Hausaufgabenheft zeigen. Energisch geht Stefans Mutter auf ihren Sohn zu, sieht ihm fest in die Augen und befiehlt ihm mit ernster und strenger Stimme, daß er ins Bett gehen soll. Stefan reagiert verschüchtert. Er versucht ihr klarzumachen, daß er ihr doch nur etwas zeigen will. Stefans Mutter hört nicht zu. Sie packt ihn an den Schultern und drängt ihren Sohn aus dem Zimmer. Sie sagt ihm, daß sie nichts mehr von ihm hören will, da jetzt Schlafenszeit sei. Keine zehn Minuten später kommt Stefan erneut in das Wohnzimmer. Er hat schrecklichen Durst. Die Mutter holt ihm ein Glas aus der Küche und stellt ihm die Mineralwasserflasche daneben. Ernst sagt sie ihm, daß er künftig immer eine Flasche Mineralwasser an seinem Bett stehen haben wird und deshalb nicht mehr aufzustehen braucht. Stefan bedankt sich bei seiner Mutter. Fünf Minuten später hat Stefan Hunger. Er möchte noch ein Butterbrot essen. Innerlich verunsichert, aber Stefan gegenüber fest auftretend, sagt sie ihm, daß es nichts mehr zu essen gibt. Sie befiehlt ihm, in sein Zimmer zu gehen. Nach einer Weile kommt er wieder ins Wohnzimmer. Ob ihm seine Mutter einen Film aufnehmen könne, der am nächsten Tag im Fernsehen laufen würde. Stefans Hunger scheint verflogen zu sein. Die Mutter geht auf seinen Wunsch nicht ein. Sie schickt ihn in sein Zimmer und droht ihm, ihn zu bestrafen, wenn er nicht endlich in seinem Bett liegen bleibt und schläft. Es ist 19.55 Uhr. Stefan bleibt an diesem Abend in seinem Zimmer. Er schläft. In den nächsten Tagen und Wochen versucht Stefan immer wieder, die Schlafenszeit hinauszuzögern. Seine Mutter ist mittlerweile mutiger geworden. Sie fühlt sich besser, seitdem sie in der Lage ist, mit Stefan anders umzugehen. Es ist ihr gelungen, daß er spätestens um 19.30 Uhr schläft. Es hat insgesamt anderthalb Monate gedauert, bis ihr Sohn begriffen hat, daß es keinen Sinn mehr macht, ihr gegenüber seinen Willen durchzusetzen.

Wie hat sich Stefans Mutter nun nach ihrem ersten Abend

und auch an den folgenden Abenden gefühlt? Sie bekam (natürlich) ein schlechtes Gewissen. Stefan tat ihr leid, und sie schämte sich, so streng mit Stefan gesprochen zu haben. Irgendwie hielt sie das Ganze für nicht richtig. Unter der Verwendung des Spaltenschemas innerhalb der Phase 3 gelang es ihr, ihre diesbezüglichen automatischen Gedanken und Gefühle bewußt zu machen und zu reflektieren. Regelmäßig füllte die Mutter von Stefan die Spalten aus.

Selbst als Stefan nicht mehr in das Wohnzimmer kam, verspürte sie an solchen Abenden ein schlechtes Gewissen. Je mehr sie sich jedoch mit ihren Gedanken und Gefühle beschäftigte, sie in Frage stellte und hinterfragte, umso stärker veränderte sich ihre Einstellung bezüglich ihres neuen Verhaltens und Vorgehens. Das schlechte Gewissen verschwand. Sie konnte ihr neues Verhalten und Vorgehen – das mittlerweile zur Routine geworden war – für sich akzeptieren. Trotzdem dauerte es noch mehrere Wochen, bis auch das letzte kleine Unbehagen in ihr verschwand.

Als sie das Drei-Phasen-Modell auf andere problematische Alltagssituationen anwandte, meldete sich wieder ihr »schlechtes Gewissen«. Da sie sich jedoch immer wieder mit ihren unangenehmen Gefühlen auseinandersetzte, gelang es ihr schließlich, besser damit umzugehen und ihr schlechtes Gewissen schließlich zu überwinden. Die Mutter von Stefan findet ihr neues Verhalten mittlerweile richtig und kann voll und ganz hinter ihren Entscheidungen stehen. Nach und nach gelang es ihr, auch andere problematische Alltagssituationen mit Stefan in den Griff zu bekommen.

Der Mythos vom abhängigen Kind

»Als Mutter muß ich immer für mein Kind dasein!«

Mißbrauchssituationen

Die Mutter der siebenjährigen Anna-Christine lebt ausschließlich für das Wohl ihres Kindes. Anna-Christine ist aufgeweckt und versteht, sich in den Mittelpunkt zu spielen. Sie ist sehr laut, wenn sie spricht. Wenn Gäste kommen, will Anna-Christine auch hier im Mittelpunkt stehen. Ständig unterbricht sie die Gespräche, welche die Mutter mit ihrem Besuch führt, und weigert sich, das Zimmer zu verlassen. Einerseits ist die Mutter darüber sehr ärgerlich, andererseits hat sie auch Verständnis für ihr Kind (»Sie fühlt sich vernachlässigt!«). Für die Lösung dieses Problems meint sie einen Ausweg gefunden zu haben. Anna-Christine darf dem Besuch eine Geschichte erzählen und kann dann die ganze Zeit über im Zimmer bleiben. Dabei sitzt Anna-Christine neben ihrer Mutter, die ihr ab und zu die Hand, das Gesicht oder den Kopf streichelt und sie gelegentlich in das Gespräch mit einbezieht. Die Mutter sieht dieses Vorgehen als einen Erfolg an, denn es zeigt die Reife ihres Kindes.

Anna-Christine unterbricht des weiteren regelmäßig die Telefongespräche, die ihre Mutter führt. Auch hier hat diese eine Lösung gefunden. Sie telefoniert nur noch abends, wenn ihre Tochter schläft. Hat sie tagsüber dringende Telefonanrufe zu erledigen, sagt sie ihrer Tochter, daß sie kurz einkaufen geht und telefoniert dann aus einer Telefonzelle. Weil sie sich schuldig fühlt, ihr Kind angelogen zu haben, bringt sie ihr immer eine Kleinigkeit aus dem Supermarkt mit.

Da Anna-Christine abends nicht allein einschlafen kann, legt sie sich jeden Abend neben ihre Tochter ins Bett und wartet darauf, daß sie einschläft. Dies kann mitunter fast eine Stunde dauern, da Anna-Christine die Zeit noch nutzt, um sich von ihrer Mutter Gute-Nacht-Geschichten vorlesen zu lassen oder mit ihr zu schmusen. Merkt ihre Tochter im Halbschlaf, daß sie gerade aufstehen will, muß die Mutter so lange liegenbleiben, bis Anna-Christine eingeschlafen ist.

Wenn sich Männer mit der Mutter verabreden wollen, teilt sie ihnen mit, daß sie ihre Tochter nicht alleine lassen kann. Sie hat die Erfahrung gemacht, daß Anna-Christine es nicht erträgt, wenn ihre Mutter sie abends verläßt – und sei es auch nur für eine Stunde. Sie weint dann. Dieses Verhalten ihrer Tochter zeigt der Mutter, daß Anna-Christine sie noch dringend »braucht«.

Ihr ehemaliger Lebensgefährte beendete die Beziehung, weil er es nicht länger ertragen konnte, daß Anna-Christine unablässig im Vordergrund des Zusammenlebens stand. Zwar konnte Anna-Christines Mutter ihren Freund verstehen – auch sie hätte gerne mehr Zeit mit ihm alleine verbracht –, doch will sie es ihrer Tochter nicht zumuten und sie nicht »hintanstellen«. Unmißverständlich machte sie ihrem Freund schließlich klar, daß der Wille ihrer Tochter für sie unantastbar ist und an erster Stelle steht.

Der Mythos von der Abhängigkeit des Kindes beinhaltet, daß die Mutter immer auf die seelischen Bedürfnisse ihres Kindes Rücksicht zu nehmen hat (siehe dazu: Der Mythos vom seelisch zerbrechlichen Kind) und daß ihre eigenen Bedürfnisse zurückzustellen sind. Er basiert auf der Annahme, daß Kinder ein Höchstmaß an mütterlicher Aufmerksamkeit und Zuwendung benötigen (siehe dazu: Der Mythos von der grenzenlosen Mutterliebe). Der Wille des Kindes wird dabei zum Gesetz des Handelns der Mutter. Er ist ihr heilig. Sie ordnet sich diesem Willen mehr oder weniger bereitwillig unter und hält dies für gerechtfertigt, weil das Kind die ständige Nähe der Mutter und ihr ständiges Verständnis braucht. **Wie bei allen Mythen entsteht der Glaube an die Richtigkeit des Mythos dadurch, daß Mütter ihre Kinder nur noch aus der Perspektive des Mythos wahrnehmen können.** Betrachten sie aufgrund dessen ihre Kinder als abhängig, werden sie es in ihren Augen auch sein, egal, wie sie sich verhalten. Jedes Verhalten wird zum Zeichen von Abhängigkeit. Kinder wiederum, die solchen Umgang mit sich wahrnehmen, werden ihn für ihre Zwecke verstärken, was wiederum die Mutter darin bestätigt, ihr Kind sei abhängig von ihr. Ein verhängnisvoller Aufschaukelungsprozeß setzt sich in Bewegung und führt in der Regel zur Entwicklung einer Schlaraffenland-Mentalität beim Kind.

Die generelle Abhängigkeit des Kindes von der Mutter soll hier – wie auch seine Wehrlosigkeit oder Hilflosigkeit – nicht prinzipiell in Frage gestellt werden. Doch geht es darum, die Auswüchse dieser Mythen zu bekämpfen und aufzulösen. Mütter sind die Opfer der gesellschaftlichen Anschauungen über Mutterliebe und Erziehung, die ihr Denken und Fühlen entscheidend geprägt haben. Denn erst durch die verinnerlichte Annahme, daß Kinder ihre Mütter *immer* brauchen, entsteht eine übertriebene Sichtweise von der Abhängigkeit des Kindes.

Die Wahrnehmung der Mutter von der Abhängigkeit des Kindes basiert auf den Rückmeldungen des Kindes, das seine Bedürftigkeit als Ausdruck seiner angeblichen Abhängigkeit zeigt. Doch Kinder kennen hierbei keine Grenzen. Ihre gezeigte Bedürftigkeit ist nicht nur Ausdruck von Notwendigkeit, sondern oft Ausdruck ihrer unersättlichen Gier, alles haben und beherrschen zu wollen. Spüren sie die Nachgiebigkeit ihrer Mutter, die sich in (fast) allem nach dem Willen des Kindes richtet, entwickeln sie fast zwangsläufig eine innere Haltung der Maßlosigkeit. Dabei erkennen sie die Macht, die sie über ihre Mütter haben und setzen sie – so wie es Anna-Christine aus dem Eingangsbeispiel getan hat – rücksichtslos ein. Sie nutzen auch hier – wie bei allen hier behandelten Mythen – ihre Mütter für ihre Interessen aus. Sie kennen keine Rücksicht. Sie erfahren durch die ständige Rücksichtnahme der Mutter, daß sie wichtiger und wertvoller als die Mutter sind, da diese sich ihnen unterordnet, immer Zeit für sie hat und ihnen immer Verständnis entgegenbringt. So werden Mütter zum Besitz ihrer Kinder, die eifersüchtig darauf achten, daß dieser Besitz ihnen auch ja nicht verlorengeht.

Oft ohne sich darüber im klaren zu sein, wie sehr sie durch ein solches Verhalten zu einer Bediensteten ihres Kindes geworden sind, akzeptieren die Mütter diese Haltung. Die Vorstellung, ihre Kinder zeitweise sich selbst zu überlassen, ist ihnen unerträglich. Sie sind davon überzeugt, daß ihr Kind ohne sie nicht zufrieden sein kann und sich verlassen und vernachlässigt fühlen muß. Manchmal stellen sie sogar den Willen des Kindes und die absolute Gültigkeit des Mythos über das Glück in der Beziehung zu einem Partner. Was im Extremfall dazu führt, daß jede gemeinsame Unternehmung sofort abgebrochen wird, wenn das Kind auch nur den kleinsten Anschein erweckt, daß es gerade jetzt die Zuwendung der Mutter benötigt. Das Kind muß noch nicht einmal körperlich anwesend sein. Oft reicht schon die Vorstellung der Mutter aus, daß es dem Kind, weil sie nicht bei ihm ist, schlecht gehen *könnte*, um jedes eigene Vergnügen im Keim zu ersticken und um ein »schlechtes Gewissen« zu haben. Kinder »wissen« um diese Einstellungen ihrer Mütter. Und sie verwenden diesen Einfluß häufig skrupellos.

Die Mutter des elfjährigen Johannes schickt ihren Sohn auf Drängen ihres Mannes zu einer dreiwöchigen Ferienfreizeit nach Österreich. Obwohl Johannes sich dagegen gesträubt hat, setzte sich der Vater mit seiner Meinung durch. Die Mutter kann ihre Verzweiflung kaum bewältigen. Sie macht sich Sorgen, daß ihr Sohn ohne sie nicht zurechtkommt, daß er sich langweilen könnte, daß ihn andere Kinder verprügeln oder hänseln könnten, daß ihm das Essen nicht schmeckt, er sich nicht richtig wäscht usw. Der Tag des Abschieds wird fast zu einer Katastrophe. Die Mutter ist nahe daran, ihren Sohn nicht abreisen zu lassen, der bittet und bettelt, nicht fahren zu müssen. Der Vater läßt sich nicht beirren. Johannes nimmt an der Ferienfreizeit teil. Daß die Mutter ihren Sohn nicht telefonisch jeden Tag sprechen kann, ist für sie eine Tortur. Was macht mein Kind nur ohne mich, ist ihr ständiger peinigender Gedanke. Sie macht ihrem Mann Vorwürfe, daß er es »soweit kommen ließ«. Von einer Telefonzelle aus ruft Johannes seine Mutter eines morgens zu Hause an und bedrängt sie, ihn sofort abzuholen. Er habe schreckliches Heimweh, ihm ginge es nicht gut, alle Kinder seien so gemein zu ihm, er könne nicht richtig schlafen, daß Essen wäre schlecht, die Freizeitleiter würden ihn immer so komisch ansehen, er habe Angst, daß sie ihm etwas antun könnten. Dann weint er. Die Mutter ist verzweifelt. Für sie steht fest, daß sie ihren Sohn in diesem »Höllenlager« nicht einen Tag länger lassen wird. Sie ruft ihren Mann an seinem Arbeitsplatz an und entscheidet, daß beide sofort nach Österreich fahren, um den Sohn abzuholen. Es kommt zu einem heftigen Streit, und Stunden später sitzen sie im Auto, um ihren Sohn aus Österreich abholen. Dort stellt sich heraus, daß nichts von dem, was Johannes gesagt hat, der Wahrheit entspricht. Trotzdem ist die Mutter entschlossen, ihr Kind mit nach Hause zu nehmen. Gemeinsam tritt die Familie den Heimweg an.

In diesen und ähnlichen Fällen ist die Mutter dem Willen ihres Kindes vollkommen ausgeliefert. Sie ist nicht oder nur unter den größten inneren Anstrengungen dazu in der Lage, eine überlegte Entscheidung zu treffen. Fast immer ist jedoch die »Entscheidung« vom Willen des Kindes bestimmt. Das Kind wird gefragt, wie die Mutter sich verhalten soll. Das Kind bestimmt das weitere Vorgehen, denn seine Meinung wird von der Mutter als Maßstab ihres eigenen Handelns bzw. »Entscheidens« betrachtet. Im Grunde genommen ist die Frage der Mutter an das Kind nur eine Absicherung des sowieso schon Gewußten und Gewollten. Die Frage soll nur den Schein wahren und das Alibi für den Partner oder für andere Erwachsene herstellen, daß sie sich um eine wirkliche Klärung bemüht hat. Denn die Entscheidung zugunsten des Kindes steht, wie die Mutter schon im voraus weiß, bereits lange fest. Die unausgesprochene Verschwörung, die hier stattfindet, ist komplett.

Die blinde Sorge um ihr Kind, das einen inneren Schaden nehmen könnte, wenn man ihm nicht genug Aufmerksamkeit schenkt (siehe dazu: Der Mythos vom seelisch zerbrechlichen Kind), läßt die Mutter wie eine Marionette handeln, deren Fäden das Kind zieht. Auch hier ist zu betonen, daß es diese Fäden nicht von vornherein bewußt zieht. Es handelt intuitiv, mit fortschreitendem Alter natürlich auch schon sehr überlegt, wie im Falle von Johannes.

Aus den obigen zwei Beispielen geht hervor, daß beide Kinder – Anna-Christine wie auch Johannes – ihre Mütter für ihre Zwecke mißbrauchen. Und die Mütter sind zu sehr im Abhängigkeitsmythos verstrickt, um dies zu erkennen. Sie gehen von der Natürlichkeit der Verhaltensweisen ihrer Kinder aus und nicht davon, daß diese nur ihre Interessen bzw. ihre Bequemlichkeitshaltung wahren wollen. Im ersten Beispiel von Anna-Christine ist es das mehr oder weniger reflexhafte Besitzen-Wollen und Einfordern der völligen Aufmerksamkeit der

Mutter. Im zweiten Beispiel von Johannes ist es das überlegte Manipulieren der Mutter. **Alle verlieren dabei. Zum einen die Mütter, die lieber in der Illusion leben, ihr Kind sei schutzbedürftiger, als es in Wirklichkeit der Fall ist, und sich damit ausnutzen und quälen lassen. Zum zweiten die Kinder, die kaum eine Chance haben, sich eigenständig weiterzuentwickeln und Erfahrungen unabhängig von der von ihnen erzwungenen Fürsorge der Mutter zu machen. Zum dritten die Männer, die der stillschweigenden Übereinkunft zwischen Mutter und Kind ausgeliefert sind und darunter zu leiden haben. Sie sind in einer besonders schwierigen Position. Denn sie gehören nicht dem Kreis der Auserwählten an, die sich in der einzigartigen Verbundenheit zwischen Mutter und Kind manifestiert. Sie stehen der Macht, die ihre Kinder über die Mütter haben, nur hilflos gegenüber. Dieses Wissen um die Macht – über die »unendliche« Manipulierbarkeit der Mütter – teilen Vater und Kind miteinander. Aus der Sicht des Vaters gesehen, ist es jedoch ein totes Wissen. Die Mutter würde sich vehement dagegen wehren, sich als Manipulationsobjekt ihres Kindes bezeichnen zu lassen.**

Kinder »spekulieren« mit der Liebe der Mütter und wissen, daß sie nicht ertragen können, wenn ihre Kinder auch nur ansatzweise leiden. Rücksichtslos setzen sie ihre Macht ein und beschneiden damit oft rigoros die Wünsche und Interessen der Mutter, aber auch des Vaters. Nicht selten fesseln Kinder gerade dann ihre Mütter an sich, wenn diese einmal an ihre eigenen Bedürfnisse denken. Eifersüchtig wachen sie darüber, daß nur sie es sind, die in den Genuß der ungeteilten Aufmerksamkeit und Liebe ihrer Mütter kommen. Jeder andere ist ein Eindringling. Und dies kann auch der eigene Vater sein, der sich den Wünschen des Kindes zu widersetzen wagt. Sie wissen dabei intuitiv, wie sie das Zusammensein zwischen

Vater und Mutter oder einem ihnen fremden Mann und der eigenen Mutter stören bzw. zerstören können.

Die Männer sind hierbei immer die Verlierer. Es ist ihnen unmöglich, gegen das Verhalten der Mutter zu protestieren, ohne sich gleichzeitig dem Verdacht auszusetzen, daß sie erbarmungslose Egoisten seien, die nur an ihr eigenes Vergnügen dächten. Dabei sind Männer durchaus fähig und dazu bereit, die Mutter mit dem Kind zu teilen, wenn sie den Eindruck haben, daß die Mutter bereit ist, ihre Zuwendung und Zuneigung zwischen Mann und Kind in angemessener Weise zu teilen. Doch eine Vielzahl von Müttern geht automatisch davon aus, daß diese Teilung nicht möglich ist, da Kinder nun einmal abhängig von ihnen sind und mehr Aufmerksamkeit brauchen als der Partner. Fühlt sich der Partner nun zurückgesetzt, vernachlässigt und ungerecht behandelt – wie es bei einem Schlaraffenlandkind in der Familie zu erwarten ist –, beginnen die ersten Beziehungskonflikte zwischen Mann und Frau. Zusätzlich kommt es zwischen Vater und Kind zu unterschwelligen, meistens aber nicht zu gewinnenden Kämpfen um die Vormachtstellung des Kindes.

Der Vater von Johannes hatte mehrere Ziele, als er darauf drängte, daß sein Sohn an der Ferienfreizeit teilnahm. Er wollte, daß sein Sohn selbständiger wird und rechnete damit, daß Johannes sich dann auch zu Hause selbständiger und verantwortungsvoller verhalten würde. Er wollte mit seiner Frau endlich einmal alleine sein, was seit der Geburt von Johannes nicht mehr möglich war. Er wollte des weiteren, daß seine Frau ihren Sohn eine Zeitlang nicht mehr nur bediente und sich selbst erholen konnte. Im obigen Fall führten diese Absichten des Vaters jedoch nur zu einer Stabilisierung und zu einer Steigerung der bislang gewohnten Umgangsweise der Mutter mit ihrem Sohn. Denn er unterschätzte die Macht, die sein Sohn über seine Frau hatte.

Was läßt Mütter nun glauben, daß ihre Kinder in so hohem Maße von ihnen abhängig sind, daß sie oft ihr ganzes Leben der angeblichen Bedürftigkeit ihres Kindes unterordnen und sich seinem Willen so bedingungslos unterordnen?

Zum einen ist es die Verinnerlichung des Abhängigkeitsmythos, der dazu führt. Zum anderen sind es die Mythen vom seelisch zerbrechlichen Kind und von der grenzenlosen Mutterliebe, die dem Mythos von der Abhängigkeit des Kindes zusätzlich Nahrung geben.

Aber es gibt auch noch einen dritten Grund. Dieser dritte Grund bezieht sich auf die Erfahrungen, die eine Mutter seit der Geburt mit ihrem Kind gesammelt hat. Wie beim Mythos über die Hilflosigkeit des Kindes erleben Mütter ihre Kinder von der Geburt an als vollständig von ihnen abhängige und hilflose Wesen. Obwohl das Kind aus dem Säuglingsalter herauswächst, in das Kleinkindalter und dann in das Kindheitsalter eintritt und schließlich in die Pubertät kommt, behandeln sie ihre immer älter werdenden Kinder häufig nach den Maßstäben, die sie im Säuglings- und frühen Kleinkindalter angelegt haben. Auf diese Weise hat sich eine Gewohnheitshaltung bei der Mutter entwickelt, das Kind prinzipiell als von sich abhängig zu betrachten.

Die Gewohnheit, das Kind als abhängig zu betrachten, verhindert eine realistische Einschätzung der Fähigkeiten und Kompetenzen der Kinder.

Ziel muß es sein, die Abhängigkeit des Kindes von der Mutter Schritt für Schritt zu verringern. Es ist von entscheidender Bedeutung für die psychische Entwicklung des Kindes, daß es lernt, zunehmend unabhängiger von der Aufmerksamkeit und Fürsorge der Mutter zu werden. Denn nur dann lernt es, sich aktiv und selbstbewußt in der Welt zu bewegen und überhaupt erst seine Fähigkeiten einzuschätzen und zu entwikkeln. Kinder dahingehend zu erziehen, unabhängiger von der Mutter zu werden ist nicht unbedingt eine Frage des Alters, wie dies bei der Erziehung zur Selbständigkeit (siehe dazu: Der Mythos von der Hilflosigkeit des Kindes) der Fall ist. Denn hier hängt der Grad an Selbständigkeit – wie etwa das eigene Zimmer aufräumen zu können – noch von der altersabhängigen motorischen Geschicklichkeit des Kindes ab.

Bei der Erziehung zur Unabhängigkeit kann hingegen schon innerhalb der Säuglingsphase damit begonnen werden, daß das Kind sich nicht einseitig auf die Mutter fixiert, indem sie beispielsweise nicht auf jedes Schreien des Babys reagiert. Die in einem anderen Abschnitt dieses Buches erwähnte junge Mutter, deren anderthalbjährige Tochter ständig auf den Arm der Mutter genommen werden wollte, hatte sich bereits dem Willen ihres Kindes total untergeordnet. Das Kind fing an, zu schreien und zu weinen, wenn es seinen Willen nicht bekam. Die junge Mutter mußte erst lernen, sich dem Willen ihrer Tochter systematisch zu verweigern, um ein normales Verhältnis zwischen sich und ihrer Tochter herstellen zu können. Es dauerte nicht lange, bis sich ihre Tochter anderen – für sie lukrativeren – Beschäftigungen zuwandte.

Kinder wie auch Erwachsene sind Menschen, die sich zunächst vor dem Neuen und Unbekannten fürchten. Sie wollen, daß alles beim alten bleibt; denn das Alte ist sicher, weil es bekannt ist. In ihm steckt keine Gefahr. Alles Neue und damit Unbekannte hingegen ist anfangs nicht einzuschätzen. Man weiß ja nicht, was passieren wird. Erst das Ausprobieren, das langsame und vorsichtige Herantasten an das Unbekannte verschafft allmählich einen sicheren Umgang damit. Irgendwann wird dieses Neue zum Vertrauten werden. Dann beginnt alles wieder von vorne. Neue und unbekannte Gebiete tauchen wieder vor einem auf und werden auf die gleiche Weise wieder zu etwas Vertrautem gemacht. Aber das Neue stößt den Menschen auch in eine Krise. Sie muß keinen dramatischen Verlauf nehmen. Sie kann sich in ihrer harmlosesten Version einfach nur in einem Unbehagen äußern. Für das Kind jedoch ist dieses Unbehagen schwerwiegender als für den Erwachsenen. Und dennoch gehört eine solche Krise auch zur menschlichen Entwicklung und muß bewältigt werden.

Ein Kind, das die Angst entwickelt, nicht allein schlafen zu können oder ohne die ständige Anwesenheit der Mutter nicht sicher und geborgen zu sein, ist in einer solchen Krise. Mütter haben in diesem Fall grundsätzlich zwei Möglichkeiten. Entweder holen sie das Kind schnellstens aus der Krise heraus, indem sie sich beispielsweise neben ihr Kind legen, bis es eingeschlafen ist. Oder aber sie ermutigen es dazu, diese Krise auszuhalten und zu bewältigen (siehe dazu: Der Mythos vom seelisch zerbrechlichen Kind).

Im ersten Fall vermeidet die Mutter die Auseinandersetzung des Kindes mit der Krise. Es kann nicht die Erfahrung machen, daß es dazu in der Lage ist, diese Krise zu bewältigen, und somit Vertrauen in die eigenen Fähigkeiten und Stärken gewinnen. Die Mutter wird zur stellvertretenden Krisenlöserin, indem sie die Krise nicht an ihr Kind heranläßt. Somit bleibt eine an sich aufzulösende Abhängigkeitssituation bestehen. Das Kind selbst gewöhnt sich sehr rasch an den Zustand, daß die Mutter seine Krisen prinzipiell löst. Es weiß nun, was es tun muß, um sich nicht mit einer neuen Herausforderung auseinandersetzen zu müssen. Dieser Zustand stabilisiert sich (die Mutter legt sich immer neben ihr Kind, bis es einschläft, oder hält sich immer in der Nähe ihres Kindes auf) und kann sich möglicherweise generalisieren, d.h. er überträgt sich mit der Zeit auch auf andere Situationen, in denen die Mutter als Krisenlöserin fungieren muß.

Im Laufe der Zeit wird das Kind keine Angst mehr vor dem

Alleine-Schlafen haben. Aber es hat sich daran gewöhnt, daß die Mutter jeden Abend neben ihm liegt, und findet es einfach nur schön. Darüber hinaus weiß es, daß es nur bestimmte Reaktionen zeigen muß, um seinen Willen durchzusetzen. Es weiß, wie es diesbezüglich seine Mutter beeinflussen bzw. manipulieren kann. Es nimmt die Macht, die es über seine Mutter gewonnen hat, wahr und nutzt sie aus, um seine Interessen durchzusetzen, wie es Anna-Christine und Johannes getan haben. In beiden Fällen steht der Anspruch der Kinder im Vordergrund, die Mutter in ihren Verhaltensweisen zu kontrollieren und sie für die Erfüllung der eigenen Wünsche zu mißbrauchen.

Die Mütter sehen jedoch nur den vordergründigen Aspekt der Abhängigkeit und nicht die Raffinesse, die hinter der scheinbaren Abhängigkeit ihrer Kinder steht. Abhängigkeit entsteht hier dadurch, daß sich beide, Mutter und Kind, gegenseitig bestätigen, voneinander abhängig zu sein. **Haben Kinder erst einmal gelernt, daß sie die Aufmerksamkeit der Mutter fast beliebig auf sich ziehen können, schränken sie die »Bewegungsfreiheit« der Mutter immer weiter ein, bis sie schließlich in einem Netz von Abhängigkeitssituationen gefangen ist, das ihr die Luft zum Atmen nimmt. Wäre da nicht der Mythos von der grenzenlosen Mutterliebe, könnte eine Mutter diese Eingrenzung psychisch nicht ertragen.** Obwohl sie darunter leidet, sagt sie sich, daß ihr Leiden einen guten Zweck erfüllt, nämlich zur gesunden Entwicklung des eigenen Kindes beizutragen. Doch verhindert sie auf diese Weise nur, daß sich das Kind psychisch weiterentwickelt, indem es sich mit den lebensnotwendigen Krisen auseinandersetzt. Es ist sinnvoller, ein Kind dazu zu bewegen, seine Krisen auszuhalten und zu ertragen. Die Mutter von Anna-Christine muß sich aus der Abhängigkeit von ihrem Kind lösen. Das gleiche gilt für die Mutter von

Johannes. Sie hätte dem Impuls, ihren Sohn vor dem angeblichen »Höllenlager« zu retten, nicht nachgeben dürfen. Sie hätte ihm deutlich machen sollen, daß er seine Krise – die in diesem Fall wie bei den meisten Schlaraffenlandkindern nur Ausdruck einer Bequemlichkeitshaltung ist – eigenständig bewältigen müsse.

Ein Kind muß lernen, seine Krisen allein auszuhalten und allein zu lösen. Die Mutter kann Trost und Beistand geben. Aber das Kind darf hierbei nicht aus seiner Verantwortung genommen werden. Nur so wird es sich selbst kennenlernen und sich selbst einschätzen und schätzen können.

Lösungsstrategien

Verdeutlichen Sie sich zunächst aus den oben genannten Gründen, daß Ihr Kind von Ihnen unabhängiger werden muß und daß es häufig abhängiger erscheint, als es in Wirklichkeit ist.

Vergegenwärtigen Sie sich dann solche Situationen, von denen Sie glauben, daß sich Ihr Kind abhängiger gibt, als es ist. Schreiben Sie sich auch solche Situationen auf, bei denen sich Ihr Kind zu Ihrer Überraschung schon sehr unabhängig verhalten hat. Sie müssen sich noch nicht ständig wiederholt haben, aber vielleicht ist Ihr Kind ja schon einmal allein zu Hause geblieben, als sie einkaufen gingen, und es hat sich daraus kein Problem ergeben.

Darauf basierend erinnern Sie sich bitte an Ihre eigene Kindheit zurück. Rufen Sie sich Situationen in Ihr Gedächtnis zurück, in denen Sie im gleichen Alter wie Ihr Kind unabhängiger von Ihren Eltern waren, als es Ihr Kind jetzt von Ihnen ist, und Sie sich selbst abhängiger gaben, als Sie es in Wirklichkeit waren. Stellen Sie sich diese Situationen möglichst plastisch vor, damit Sie ein gutes erinnertes Bild oder sogar ganze Szenarien von den damaligen Ereignissen bekommen.

Listen Sie nun die Ereignisse auf, die Sie im Umgang mit Ihrem Kind verändern wollen. Suchen Sie aus Ihrer Liste das Ereignis heraus, das Ihrer Meinung nach am leichtesten zu verändern sein wird. Dann können Sie allmählich immer schwierigere Situationen in Angriff nehmen.

Nachdem Sie sich ein Ereignis herausgesucht haben, beobachten Sie Ihr Kind in der Situation, die Sie verändern wollen. Studieren Sie seine Verhaltensweisen. Nehmen Sie genau wahr, wie sich Ihr Kind in der Situation verhält. Greifen Sie noch nicht ein, sondern warten Sie ab. Die Veränderung Ihres Verhaltens erfolgt erst in der zweiten Phase. Nachdem Sie sich mit dem Verhalten Ihres Kindes im einzelnen vertraut gemacht haben, geht es nun darum, daß Sie konkret handeln. Beachten Sie dabei die grundlegenden Verhaltensregeln, die im letzten Abschnitt beschrieben worden sind. Legen Sie sich passende, kurze Sätze zurecht, mit denen Sie Ihr Kind konfrontieren wollen. Sagen Sie Ihrem Kind und machen Sie durch Ihre feste und strenge Stimme deutlich, daß es bestimmte Dinge bereits alleine kann und Sie ihm diese auch zutrauen. Lassen Sie sich nicht auf Diskussionen ein. Bleiben Sie bei Ihrer Meinung.

Wollen Sie eine Situation verändern, die erst einige Male eingetreten ist, ohne daß sich daraus schon eine Gewohnheitshaltung bei Ihrem Kind ausgebildet hat, erklären Sie ihm Ihre Beweggründe. Ermuntern Sie es. Sprechen Sie mit liebevoller und sanfter Stimme. Haben Sie Geduld; aber bleiben Sie in Ihrer Haltung konsequent.

Planen Sie als nächsten Schritt genau Ihr Vorgehen! Überlegen Sie sich Konsequenzen, die Ihr Kind auf jeden Fall in Kauf nehmen muß, wenn es sich Ihren Anordungen nicht fügt. Lassen Sie sich von Ihrem Ziel nicht abbringen. Formulieren

Sie auch hier einen Standardsatz (»Wenn du nicht..., dann wirst du...!«), und führen Sie Ihr Vorhaben aus. Seien Sie dabei hartnäckig und konsequent. Nehmen wir an, daß Ihr Kind nicht zulassen will, daß Sie in aller Ruhe telefonieren. Teilen Sie Ihrem Kind zunächst mit fester und strenger Stimme mit, daß Sie jetzt ungestört sein wollen, und fordern Sie es auf, still zu sein oder sofort das Zimmer zu verlassen. Reagieren Sie in keinster Weise auf das, was es Ihnen angeblich Wichtiges zu sagen hat. Ignoriert Ihr Kind die Aufforderung, teilen Sie dem Anrufer mit, daß sie augenblicklich zurückrufen werden, und veranlassen Sie Ihr Kind, das Zimmer sofort zu verlassen. Vermeiden Sie dabei, Ihr Kind anzubrüllen oder wütend zu werden. Damit hat es Ihre ungeteilte Aufmerksamkeit, die es eigentlich nicht bekommen sollte. Bleiben Sie sachlich und ruhig, und lassen Sie sich nicht in Ihrer Meinung beirren. Machen Sie Ihr Kind auf die Konsequenzen (Verbot, Entzug einer Vergünstigung) aufmerksam, wenn es Ihrer Aufforderung nicht umgehend Folge leistet.

Sie werden das Problem nur dann in den Griff bekommen, wenn Sie konsequent und zielgerichtet vorgehen (siehe dazu: Der Mythos vom seelisch zerbrechlichen Kind). Ihr Kind muß regelmäßig spüren, daß Sie sich sein bisheriges Verhalten nicht weiter bieten lassen werden. Nur dann wird es mit der Zeit begreifen, daß es mit seinem Verhalten keinen Erfolg mehr haben wird.

Spielen Sie die Situation, die Sie verändern wollen, mit allen ihren – Ihnen möglich erscheinenden – Komplikationen in Gedanken durch. Führen Sie dann Ihr geplantes Vorgehen aus.

In der Phase 3 machen Sie sich alle einschränkenden Gedanken und Gefühle bewußt, die Sie bei der Durchführung Ihres Plans gehabt haben. Analysieren Sie mit Hilfe des Spaltenschemas Ihre Gedanken und Gefühle, und überprüfen Sie diese auf ihren realistischen Gehalt. Lesen Sie diesen Abschnitt noch einmal genau durch, und machen Sie sich klar, daß Ihr Kind Sie in einer Reihe von Situationen benutzt, um sich Ihnen gegenüber einen Vorteil zu verschaffen. Verdeutlichen Sie sich, daß Ihr Kind seine Interessen und Wünsche in einseitiger Weise vertritt und Sie als Erziehungsperson die Aufgabe haben, Ihr Kind zunehmend zu mehr Unabhängigkeit zu erziehen und Sie nicht auf der Welt sind, Ihrem Kind ein Maximum an Bequemlichkeit zu ermöglichen. Füllen Sie das Schema immer dann aus, wenn Ihnen Zweifel an Ihrem Vorgehen kommen. Mit der Zeit werden Sie eine realistischere Einschätzung gegenüber Ihrem Kind ausbilden, die aber nach wie vor von der bedingungslosen Liebe zu Ihrem Kind getragen sein wird.

Der Mythos vom hilflosen Kind

»Dafür ist mein Kind noch viel zu klein!«

Mißbrauchssituationen

Der neunjährige Tobias wird jeden Morgen von seiner Mutter pünktlich geweckt. Bis er aber aufsteht, vergeht in der Regel mindestens eine Viertelstunde. So hat sich die Mutter angewöhnt, selbst eine Viertelstunde früher aufzustehen, damit Tobias nicht zu spät in die Schule kommt. Es ist für sie sehr schwer, ihren Sohn aus dem Bett zu bekommen. Mehrmals muß sie ihn daran erinnern, endlich aufzustehen. Jedesmal, nachdem sie das Kinderzimmer verlassen hat, schläft Tobias wieder ein oder duselt vor sich hin. Nach ungefähr einer Viertelstunde steht er dann endlich auf und geht in die Küche, wo die Mutter ihm sein Butterbrot schmiert.

Nach dem Frühstück soll Tobias ins Badezimmer und sich anziehen. Lustlos steht er dort herum und macht keinerlei Anstalten, sich zu waschen. Die Mutter muß mehrmals kommen und ihn vehement dazu auffordern. Da sie ihren Sohn kennt, paßt sie auf, daß er sich richtig wäscht. Beim Anziehen vergeudet er ebenfalls viel Zeit. Ständig erinnert ihn die Mutter daran, daß er sich beeilen muß. Wenn er endlich fertig angezogen ist und die Wohnung verläßt, ist seine Mutter häufig am Ende ihrer Kräfte. Da sie berufstätig ist, muß sie sich jetzt selbst beeilen, um nicht zu spät zur Arbeit zu kommen, was aber aufgrund des Verhaltens ihres Sohnes oft nicht zu vermeiden ist.

Die Mutter von Tobias beschwert sich bei ihrem Mann darüber, daß er sie nicht unterstützt. Doch der Vater von Tobias findet das Vorgehen seiner Frau grundsätzlich falsch. Er schlägt vor, »es einmal darauf ankommen zu lassen« und Tobias nicht ständig daran zu erinnern, daß er sich beeilen muß, um pünktlich zur Schule zu kommen. Dann sei er gezwungen, sich selbst um seine Angelegenheiten zu kümmern. Der Vater argumentiert, daß Tobias alt genug dafür sei. Die Mutter hält diesen Vorschlag für indiskutabel. Sie ist der Überzeugung, daß Tobias noch nicht alt genug ist, selbständig dafür zu sorgen, pünktlich zur Schule zu kommen.

Eines Tages muß die Mutter zu einer mehrtägigen Fortbildungsveranstaltung. Sie trägt ihrem Mann auf, dafür Sorge zu tragen, daß Tobias rechtzeitig zur Schule kommt. Ihr Mann verspricht ihr, Tobias rechtzeitig zu wecken.

Am nächsten Morgen weckt er seinen Sohn – eine Viertelstunde später als bisher – und sagt ihm, daß er jetzt aufstehen muß, wenn er nicht zu spät in die Schule kommen will. Er überzeugt sich, daß Tobias wach ist. Dann kümmert sich der Vater nicht weiter um ihn. Tobias liegt weiterhin im Bett. Irgendwann steht er auf und schaut auf den Wecker, der auf seinem Nachttisch steht. Er muß feststellen, daß der Unterricht in zehn Minuten beginnt.

Tobias Vater ist erstaunt, wie schnell sein Sohn aufstehen kann. Der macht sich schnell sein Frühstück. Der Vater hat alles Nötige bereitgelegt. Tobias will sich nicht waschen. Doch sein Vater besteht darauf. Sein Sohn jammert, daß er zu spät kommen wird. Der Vater teilt ihm mit, daß er demnächst früher aufstehen soll. Laut schimpfend wäscht sich Tobias und zieht sich schnell an. An den nächsten beiden Tagen steht Tobias, nachdem ihn sein Vater geweckt hat, sofort auf. Alles verläuft hervorragend.

Stolz erzählt der Vater seiner Frau von seinen Erfolgen. Seine Frau ist skeptisch. Sie will ihm nicht glauben. Aber über

Tobias erfährt sie, daß ihr Mann nicht übertrieben hat. Am nächsten Morgen will sie sich wie ihr Mann verhalten. Doch Tobias steht nicht auf. Wie bisher muß ihn seine Mutter ständig dazu auffordern, aufzustehen, sich zu waschen und sich anzuziehen. Auf ihren Mann ist sie wütend. Vergeblich versucht er ihr zu erklären, daß Tobias »kann, wenn er nur will«. Schließlich hätte er bewiesen, daß Tobias rechtzeitig allein aufstehen kann. Seine Frau läßt sich jedoch nicht von ihm überzeugen. Statt dessen macht sie ihm Vorwürfe, Tobias derartig zu behandeln.

Das gewohnte Weck-Ritual und die ständigen Ermahnungen der Mutter nehmen ihren Fortgang.

Nur dann, wenn die Mutter von Tobias an einer Fortbildung teilnimmt, verhält sich Tobias so, wie sein Vater es will. Sein Vater muß ihn auch nicht gesondert darauf hinweisen, daß er sich nicht wie seine Frau um Tobias kümmern wird. Tobias weiß das und verhält sich dementsprechend.

Obwohl der Vater mit seinem Vorgehen immer wieder Erfolg hat, ignoriert die Mutter die Erfahrungen ihres Mannes.

Mütter betrachten ihre Kinder in der Regel als hilflose Wesen, denen sie beistehen und für die sie stellvertretend handeln müssen. Sie sind der Überzeugung, daß Kinder für viele Bereiche des täglichen Lebens noch keine Eigenverantwortung übernehmen können. **Doch wie hilflos ist ein Kind wirklich, und wie hilflos erscheint es absichtlich, um unbequemen Anforderungen zu entgehen?** Da Mütter oft so sehr von der Hilflosigkeit ihrer Kinder überzeugt sind, unternehmen sie gar nicht erst den Versuch herauszufinden, ob sie sich eventuell in ihrer Einschätzung irren könnten. Und die Kinder gewöhnen sich sehr schnell an den für sie bequemen Zustand der Hilflosigkeit. Sie nutzen diesen Umstand schließlich gezielt für sich aus, um sich – wie auch bei den anderen Mythen – Vorteile auf Kosten der Mutter zu verschaffen. Zum einen lassen sie sich bedienen und verlassen sich darauf, daß sich ihre Mutter schon um alles für sie Wichtige kümmern wird. Zum anderen stellen sie sich bei bestimmten Tätigkeiten absichtlich so ungeschickt wie möglich an und hoffen, daß ihre Mutter die Geduld verliert und die Tätigkeit schließlich selbst erledigt.

Die zehnjährige Mareike wurde von ihrer kranken Mutter darum gebeten, die Teppiche in der Wohnung zu saugen. Mareike protestierte. Doch schließlich gehorchte sie. Dann stellte sie sich aber derart ungeschickt an (verhedderte sich mit der Schnur, trug den Staubsauger vor sich her, anstatt ihn hinter sich herzuziehen), daß sich die Mutter schließlich selbst aufraffte und die Teppiche saugte. Daß ihre Tochter das eigene Zimmer durchaus problemlos und mit dem geringsten Aufwand saugen konnte, war der Mutter im Moment entfallen. Erst später kam ihr der Verdacht, daß sie sich wohl absichtlich so ungeschickt angestellt haben könnte.

Ziel und Zweck ist bei beiden oben genannten Verhaltensweisen des Sich-Bedienen-Lassens und Sich-Ungeschickt-Anstellens immer das gleiche: Das Kind will die eigene Bequemlichkeit um jeden Preis schützen und bewahren.

Kinder haben vollkommen andere Interessen und Bedürfnislagen als die, die ihre Mütter als wichtig erachten. Sie wollen sich nicht um so langweilige Dinge kümmern, wie das rechtzeitige Aufstehen, das ordentliche Waschen. Sie möchten ihr Vergnügen haben, tun und lassen, was sie wollen. Sie möchten faul und bequem sein. Was sie nicht tun müssen, tun sie nur in den seltensten Augenblicken freiwillig. Der Gedanke, ihre Mütter regelmäßig im Haushalt zu unterstützen ist ihnen fremd. Sie denken einfach nicht daran, weil sie nur die Befriedigung ihrer eigenen Wünsche und Interessen im Kopf haben. Sie könnten das Leben ihrer Mütter erleichtern.

Die Fähigkeiten haben sie dazu. Aber warum sollten sie? Welchen Vorteil hätten sie davon? Im Umgang mit Freunden, mit Klassenkameraden, mit Spielkameraden im Kindergarten wissen sie nur zu genau, daß sie nicht nur einseitig an sich denken können. Hier müssen sie Konzessionen machen, um den Kontakt zu den anderen nicht zu verlieren, und wissen darum, daß andere Erwachsene und andere Kinder sie nicht bedienen und hofieren, wie ihre Mütter es tun. Bereits hier ist die Mutter zur Sklavin und Dienerin degradiert. Gleichgültig wird sie ausgenutzt.

Mütter wollen diese Tatsache oft nicht wahrhaben. Deshalb schwärmen sie gelegentlich von der Hilfsbereitschaft ihrer Kinder. Die sich bei näherem Hinsehen jedoch als eine oft nur gelegentlich ausgeführte Einzelaktion entpuppt. Aber diese Einzelaktionen werden von Müttern als Beweis dafür angesehen, daß ihr Kind nicht nur egoistisch an sich denkt. Aus der Tatsache »Mein Kind hat mir heute ausnahmsweise geholfen.« wird die Phantasie »Mein Kind hilft mir!«

Freiwillig tun Kinder nur das regelmäßig, was ihnen Vergnügen bereitet. Für die eigenen Handlungen Verantwortung zu übernehmen – wie im Beispiel von Tobias –, der Mutter dort zu helfen, wo sie im Haushalt entlastet werden könnte, widerspricht eindeutig ihrer Bequemlichkeitshaltung bzw. ihrer Faulheit. Da kommt ihnen die Bereitschaft ihrer Mütter nur zu recht, (fast) alles für sie zu erledigen, was auch nur den Anschein von Mühe erweckt.

So ist Tobias eigentlich in der Lage, eigenverantwortlich rechtzeitig aufzustehen und alle Tätigkeiten, die bis zum Schulbesuch notwendig sind, selbst zu verrichten. Aber er tut es nicht freiwillig. Nur als ihm der Vater die gewohnte Unterstützung versagt, ist er bereit, eigenverantwortlich zu handeln, weil die Möglichkeit, sich bedienen zu lassen, nicht mehr besteht. Da ihm jedoch seine Mutter gestattet, seine Bequemlichkeit trotzdem weiterhin auszuleben, sieht er keinen Anlaß, diese Eigenverantwortung dauerhaft zu übernehmen. Solange seine Mutter sich um alles kümmert, hat er es nicht nötig, sich entsprechend zu verhalten.

Was aber führt eigentlich dazu, daß Mütter ihre Kinder als hilflos betrachten, obwohl sie es in vielen Fällen nicht oder nicht mehr sind? Wieso kann eine Mutter – wie im Fall von Tobias – die Erfahrungen und Erfolge des eigenen Mannes ignorieren und sein Vorgehen sogar verurteilen?

Mütter haben die Erfahrung gemacht, daß Kinder prinzipiell als hilflose Wesen zu betrachten sind, die ihre volle und uneingeschränkte Unterstützung benötigen. Vom Moment ihrer Geburt an sind es die Mütter, die ihre Kinder vollständig versorgen, weil diese allein dazu nicht imstande sind. Diese Erfahrung und der tägliche Umgang mit der natürlichen Hilflosigkeit des Säuglings in zunächst allen Lebensbereichen haben die Mütter in ihren diesbezüglichen Verhaltensweisen entscheidend geprägt und bei ihnen die innere Gewohnheitshaltung »Mein Kind ist hilflos« ausgebildet. Diese Gewohnheitshaltung erhält noch durch den Mythos von der Abhängigkeit des Kindes und der grenzenlosen Mutterliebe seine Unterstützung. In diesem Zusammenhang fällt es einer Mutter schwer, die physischen und psychischen Veränderungen ihrer Kinder bewußt und in vollem Umfang zu registrieren und in ihren Verhaltensweisen zu berücksichtigen. Kinder erlangen im Laufe ihrer Entwicklung ständig neue Fähigkeiten und entwickeln darauf aufbauend neue Kompetenzen, wie z.B. sich die Schuhe zuzubinden, sich das Butterbrot selbst zu schmieren, sich den Hintern selbständig abzuputzen und vieles mehr. Oft aber werden diese Fähigkeiten und Kompetenzen einfach ignoriert. Die Überzeugung von der Hilflosigkeit des Kindes kann im Extremfall so weit gehen wie in der folgenden Situation, die mir eine Schwimmlehrerin beschrieb.

Sie unterrichtete acht- bis zehnjährige Kinder. Die Mütter befanden sich neben dem Schwimmbassin und sahen zu. Die Kinder sollten den Sprung vom Ein-Meter-Brett üben. Ein neunjähriger Junge sprang ins Wasser. Da er nicht augenblicklich auftauchte, geriet die Mutter in Panik und sprang vollständig bekleidet ins Wasser, um ihren Sohn vor dem Ertrinken zu retten. In dem Moment, als sie ins Wasser sprang, tauchte ihr Sohn problemlos auf. Die Überreaktion der Mutter läßt leicht darauf schließen, wie extrem hoch sie die Hilflosigkeit ihres Kindes eingeschätzt hat. Mütter sind auf die angebliche Hilflosigkeit ihrer Kinder oft so fixiert, daß sie vollkommen blind sind für die Möglichkeiten und Fähigkeiten, die ihre Kinder haben. In diesem Zusammenhang spielt auch die Angst davor eine Rolle, Kinder zu früh irgendwelchen Belastungen auszusetzen (siehe dazu: Der Mythos vom seelisch zerbrechlichen Kind), so daß eine realistische Betrachtung des eigenen Kindes verhindert wird.

Ein weiterer Grund dafür, daß Mütter ihre Kinder bedienen und hofieren, ist die Überzeugung, ihnen eine unbeschwerte Kindheit zu ermöglichen. Darunter verstehen sie, daß Kinder sich frei von Verpflichtungen entwickeln sollen. Sie bräuchten bestimmte Tätigkeiten noch nicht (regelmäßig) zu erledigen, weil sie es noch »früh genug müssen!« Zu einem späteren Zeitpunkt entwickelt sich jedoch kein Jugendlicher und Erwachsener »wie von Zauberhand« zu einem verantwortungsvollen, aktiv liebesfähigen, hilfsbereiten und fleißigen Menschen, wenn er es in seiner Kindheit nicht gelernt hat.

Auf diese Weise wird nur der Entwicklung einer Schlaraffenland-Mentalität Vorschub geleistet. Denn die Kinder lernen bloß, die Mutter für sich arbeiten zu lassen und daß man sie hemmungslos ausnutzen kann. Hat sich diese Einstellung erst einmal verfestigt und sich das Kind an die Unbeschwertheit und den gewährten Schonraum gewöhnt, wird es die bisher genossenen Vorteile nicht kampflos aufgeben. Eine so wie oben verstandene unbeschwerte Kindheit, in der Kinder keine Verpflichtungen, d.h. Tätigkeiten bzw. Aufgaben regelmäßig ausführen müssen, keine Eigenverantwortung übernehmen, führt nur zur Ausbildung einer schwer wieder zu verändernden Bequemlichkeitshaltung. Das Kind gewöhnt sich so sehr an den Zustand der »Hilflosigkeit«, daß es auf diese Weise stark in seiner psychischen Entwicklung behindert wird (siehe dazu: Die Auswirkungen der Schlaraffenland-Mentalität). Denn es wird ständig unterfordert. Nicht nur die Mutter, sondern das Kind selbst hinkt ständig seinen Möglichkeiten und Fähigkeiten hinterher (siehe dazu: Die verborgenen Fähigkeiten unserer Kinder).

Eine Mutter erzählte mir, daß sie den Urlaub mit ihrem Mann und ihrem zehnjährigen Sohn Martin in einer Ferienwohnung verbracht hätte. Natürlich mußte die anfallende Hausarbeit in der Ferienwohnung aufgeteilt werden. Der zehnjährige Sohn – der zu Hause keine häuslichen Verpflichtungen kannte – bekam die Aufgabe, das Geschirr abzutrocknen. Er weigerte sich mit der Behauptung, daß er Urlaub habe und nicht einsehe, warum er diese Arbeit machen müsse. Der Vater bestand auf der Einhaltung der Bestimmung.

Mit viel Geschrei übernahm der Sohn mürrisch seine Aufgabe. Nach ungefähr vier Tagen hatte er sich so daran gewöhnt, daß er sie selbständig und regelmäßig nach dem Spülen erledigte. Eines Tages kam die ganze Familie erschöpft von einer Wanderung zurück. Während die Mutter das Essen machte, der Vater aufräumte, sah der Sohn sich Zeichentrickfilme im Fernsehen an. Nach dem Abendessen sollte er wie gewohnt das Geschirr abtrocknen. Er wollte nicht. Er sei zu müde. Der Vater bestand darauf. Die Mutter nahm ihrem Sohn jedoch seine Aufgabe ab, da sie verstehen könne, daß er aufgrund der

Wanderung müde war. Nachdem die Mutter das Geschirr abgetrocknet hatte, wollte Martin noch nach draußen, um Fußball zu spielen. Seine Müdigkeit war verflogen. In den darauf folgenden Tagen war es die Mutter, die von nun an regelmäßig das Geschirr abtrocknete.

Diese falsche Schonhaltung, welche die Mutter an den Tag legte und die nicht erst im Urlaub stattfand, sondern nur eine Fortsetzung des Familienalltags war, ist ein Resultat des Mythos von der Hilflosigkeit des Kindes. Die Mutter war so sehr von der Hilflosigkeit ihres Kindes überzeugt – ein müdes Kind kann kein Geschirr abtrocknen –, daß sie überhaupt nicht in Betracht zog, ihr Sohn könne seine Müdigkeit nur vortäuschen, um sich vor seiner Aufgabe zu drücken. Er hingegen wußte, daß seine Eltern müde waren und Menschen, die müde sind, im allgemeinen geschont werden. Aber das interessierte ihn herzlich wenig. Es war ihm vollkommen bewußt, daß seine Mutter ihn von seinen Aufgaben entbinden würde.

Lösungsstrategien

Kinder nehmen die Hilflosigkeit an, die Mütter ihnen zuschreiben. Es erlaubt ihnen, ihre Bequemlichkeiten auszuleben. Wie beim Mythos von der Abhängigkeit des Kindes erfährt die Mutter über das »hilflose« Verhalten des Kindes die Bestätigung dafür, daß es hilflos ist, obwohl das Kind sich oft nur am Verhalten der Mutter – das Kind hilflos zu sehen – orientiert. So schaukelt sich der Prozeß der Hilflosigkeit durch die Annahmen der Mutter über die Hilflosigkeit des Kindes und das »hilflose« Verhalten des Kindes gegenseitig hoch.

Haben sich Kinder erst einmal an den Zustand des Versorgtwerdens gewöhnt, ist es schwer, ihre Haltung zu verändern. Sie werden im allgemeinen alle ihnen zur Verfügung stehenden Mittel einsetzen, um auch weiterhin ihre Bequemlichkeit voll und ganz ausleben zu können.

Zum Prozeß der psychischen Entwicklung des Kindes gehört aber notwendig dazu, daß sie lernen, sich sozial zu verhalten und soziale Einstellungen zu entwickeln.

Deshalb ist es sinnvoll und wichtig, daß Sie so früh wie nur eben möglich damit beginnen, Ihr Kind zur Selbständigkeit und zur Eigenverantwortung zu erziehen. Je mehr Ihnen dies gelingt, um so mehr werden Sie die Erfahrung machen, daß Ihr Kind durchaus dazu in der Lage ist, Aufgaben innerhalb des Haushaltes regelmäßig zu übernehmen. Das Kriterium dafür, ob und inwieweit ein Kind bestimmte Aufgaben erfüllen kann, hängt von seiner motorischen Geschicklichkeit ab. Ein Kind muß beispielsweise dazu fähig sein, ein Messer so zu halten, daß es sich sein Butterbrot selbst schmieren kann. Stellt sich ein Kind bei den ersten Versuchen zu ungeschickt an, ist es eher ein Hinweis darauf, daß es noch nicht die entsprechende motorische Geschicklichkeit ausgebildet hat. Wird ein Kind mit einer Aufgabe zum ersten Mal konfrontiert und erledigt es diese Aufgabe – auch wenn es länger dauern kann – geschickt, dann wird es zunächst einmal stolz darauf sein, die an es gestellte Aufgabe allein bewältigt zu haben. Es wird noch nicht versuchen, die Mutter zu täuschen, weil es nicht weiß, daß die Bewältigung der Aufgabe für es bedeutet, sie von nun an regelmäßig auszuführen, um seine Geschicklichkeit zu trainieren und seine Selbständigkeit zu erhöhen. Bemerkt es, daß es die Aufgabe regelmäßig ausführen soll, wird es vielleicht versuchen, sich ungeschickter anzustellen oder die Ausführung der Aufgabe ganz zu verweigern. Jetzt ist der Moment gekommen, in dem Sie auf der regelmäßigen Durchführung der Aufgabe bestehen und sie durchsetzen sollten. So wie Sie Ihr Kind daran gewöhnt haben, sich regelmäßig zu waschen, zu einem bestimmten Zeitpunkt im Bett zu liegen, sich die

Zähne zu putzen, regelmäßig zu essen und zu trinken, können Sie es auch an andere Aufgaben gewöhnen. Der Aufwand des Anlernens, die Geduld, die Sie am Anfang aufbringen müssen, das ständige Bestehen auf der regelmäßigen Ausführung der Aufgaben, wird zunächst einige Zeit in Anspruch nehmen. Doch danach – sobald sich Ihr Kind an seine Aufgaben gewöhnt hat – wird sich dieser Aufwand für Sie ausgezahlt haben.

Sie werden Ihr Kind nicht mehr ständig ermahnen müssen. Sie werden seine Tätigkeit letztlich nicht mehr selbst ausführen müssen. Sie werden entspannter sein und auf Ihr Kind wirklich stolz sein können.

Beteiligen Sie also Ihr Kind – je nach seiner Geschicklichkeit, seinen Fähigkeiten und seinem Alter – regelmäßig an häuslichen Tätigkeiten, und bestehen Sie auf einer regelmäßigen Durchführung. Darüber hinaus wird es selbst – ohne sich dessen immer bewußt zu sein – stolz darauf sein, in vielen Bereichen des täglichen Lebens Selbstverantwortung übernehmen zu können (siehe dazu: Die verborgenen Fähigkeiten unserer Kinder).

Je länger Sie Ihr Kind schonen, um so schwieriger wird es für Sie werden, eine Veränderung herbeizuführen und seine ausgebildete Bequemlichkeitshaltung zurückzubilden. Denken Sie an das Beispiel von Tobias und Martin. Hier hilft nichts anderes mehr als das kompromißlose Durchsetzen der Zielvorstellungen der Mutter. Nach anfänglichen mehr oder weniger großen Schwierigkeiten wird das Kind die Einstellung entwickeln, daß es sinnlos ist, die Aufforderungen der Mutter unterlaufen zu wollen, und sich mit den gegebenen Tatsachen abfinden.

Darüber hinaus erledigen Sie nichts, was Ihr Kind nicht allein erledigen könnte. Ansonsten muß es – wie im Fall von Tobias – die Konsequenzen tragen.

Ist Ihr Kind dazu fähig, sein Butterbrot zu schmieren, trainieren Sie Ihr Kind in dieser Fähigkeit. Je öfter es diese Aufgabe erfüllen muß, um so schneller und besser wird es mit der Zeit sein Butterbrot schmieren können. Weigert es sich, darf es eben nichts anderes machen, bis es sich sein Butterbrot geschmiert hat.

Kann es den Tisch decken bzw. abräumen, das Geschirr in die Spülmaschine packen oder auf das Küchenbord stellen, ist dies die nächste regelmäßige Aufgabe, die ein Kind durchführen sollte. Wenn es Geschirr abtrocknen kann, sollte es das tun, wenn es mit einem Staubsauger umgehen kann, sollte es regelmäßig in seinem Zimmer Staub saugen. Den Abfall kann es ebenfalls heruntertragen. Kinder können schon mit sechs bzw. sieben Jahren Kleinigkeiten für die Mutter im Supermarkt um die Ecke einkaufen. Auch das kann mit dem Kind eingeübt werden. Je älter das Kind wird, um so mehr ist es auch dazu in der Lage, sein Bett selbständig zu machen, die Bettwäsche zu wechseln, Wäsche zusammenzulegen, die Waschmaschine zu bedienen und richtig zu füllen, die Fenster im eigenen Zimmer zu putzen etc.

Setzen Sie durch, daß Ihr Kind seine jeweiligen Aufgaben nicht nur regelmäßig, sondern auch sofort erledigt. Dulden Sie keinen Aufschub, sonst gelingt es ihm, Ihre Anordnungen immer weiter hinauszuzögern, und schließlich werden Sie seine Aufgaben wieder übernehmen müssen. Ihr Ziel sollte sein, einmal, höchstens zweimal auf der Durchführung Ihrer Anordnungen zu bestehen, damit sie ausgeführt werden. Ansonsten drohen Sie Ihrem Kind Konsequenzen an, die Sie rigoros durchführen. Sie haben im wesentlichen drei Möglichkeiten, um auf die Verweigerung Ihres Kindes, seine Aufgaben zu erfüllen, zu reagieren.

Erstens können Sie es unter Beachtung der Ihnen bekannten Verhaltensregeln dazu auffordern, seine Aufgaben zu erfüllen. Zweitens können Sie so lange bei Ihrem Kind bleiben und es ständig zur Erledigung seiner Aufgaben auffordern und es dabei gleichzeitig an anderen Tätigkeiten hindern, bis es Ihrer Aufforderung schließlich nachkommt. Drittens können Sie direkt bei der jeweiligen Lieblingsbeschäftigung Ihres Kindes ansetzen, indem Sie sie verbieten. Begehen Sie dabei jedoch nicht den Fehler, Verbote für eine ganze Woche oder auch für mehrere Tage auszusprechen. Dann haben Sie möglicherweise keine anderen Konsequenzen mehr, die Sie Ihrem Kind in den nächsten Tagen androhen können. Eine Ein-Tages-Bestrafung reicht zunächst einmal vollkommen aus, um Ihrem Kind begreifbar zu machen, daß es nur dann seinen Vergnügungen nachgehen darf, wenn es vorher seinen Verpflichtungen nachgekommen ist. Halten Sie sich das Bild vom Schlaraffenlandkind ständig vor Augen, und es wird Ihnen nicht mehr ganz so schwerfallen, sich wie gerade beschrieben zu verhalten. Andere Lösungen, um die Entwicklung eines Kindes zu einem Schlaraffenlandkind zu verhindern bzw. eine schon bestehende Schlaraffenland-Mentalität zu bekämpfen, gibt es nicht.

Manche Mütter, die das gerade Ausgeführte gelesen haben, werden unter Umständen entsetzt darüber sein, daß ihren Kindern die regelmäßige Erledigung von aufgetragenen Aufgaben zugemutet wird und sie sich bei einer Weigerung wie oben beschrieben verhalten sollen. Doch sollten diese Mütter folgendes bedenken: Die eben aufgelisteten Tätigkeiten, die regelmäßig durchgeführt werden sollten, nehmen nicht so viel Zeit in Anspruch, daß das Kind wirklich in seinen Freiräumen beschnitten wird. Es geht nicht darum, ein Kind zu überfordern, sondern es zu einem Wesen zu erziehen, das ein soziales Bewußtsein entwickelt und keine Schlaraffenland-Mentalität mit all ihren selbstschädigenden Zügen annimmt. Was konsequentes und strenges Vorgehen seitens der Mutter rechtfertigt (siehe dazu: Die verborgenen Fähigkeiten unserer Kinder). **Die Möglichkeit, ein Kind über *Einsicht* zur Erledigung seiner ihm aufgetragenen Tätigkeiten anzuregen, ist bei Kindern – insbesondere bei Schlaraffenlandkindern – meistens ein sinnloses Unterfangen.** Darüber hinaus darf der positive Aspekt einer konsequenten Einbeziehung des Kindes im Haushalt nicht unterschätzt werden (siehe dazu: Die verborgenen Fähigkeiten unserer Kinder).

Ein Vater, der das Sorgerecht für seine zwei Kinder – acht und elf Jahre – hatte, war darauf angewiesen, daß seine Kinder im Haushalt gewisse Aufgaben regelmäßig mit übernahmen. Auf diese Weise schweißte er die Familie immer mehr zusammen. Die Kinder waren aufgeweckt, selbstbewußt, stolz auf ihre Fähigkeit zu helfen und fühlten sich als anerkannte Mitglieder der Familie. Der Vater, der sich anfangs Sorgen gemacht hatte, seine Kinder zu überfordern, stellte im Laufe der Zeit fest, daß dies nicht zutraf. Denn seine Kinder litten nicht unter der regelmäßigen Mitarbeit zu Hause, sondern sie waren glücklich und stolz, ihrem Vater helfen zu können. Da sie immer noch genügend Freizeit hatten, konnte von einer Belastung der Kinder nicht die Rede sein.

Erkennen Sie also die Möglichkeiten und Fähigkeiten, die in Ihrem Kind stecken, indem Sie nicht mehr automatisch davon ausgehen, daß Ihr Kind hilflos ist. Erkennen Sie, was Sie daran hindert, diese Möglichkeiten und Fähigkeiten bei Ihrem Kind sehen zu können. Haben Sie keine Angst davor, sich überflüssig zu machen, wenn Ihr Kind zunehmend selbständiger wird. Es braucht keine Mutter, die alles für es erledigt, was es auch selbst tun könnte, sondern eine Mutter, die für seine seelischen Belange da ist, deren Zuwendung und Liebe es erfährt. Und dafür haben Sie als Mutter mehr Zeit, wenn Sie nicht ständig Ihr Kind bedienen und hofieren oder es ständig ermahnen müssen, bestimmte Dinge zu tun oder zu unterlassen.

Machen Sie sich klar, daß Sie Ihrem Kind mit einer Erziehung zur Selbständigkeit nützen und ihm nicht schaden.

Gehen Sie im folgenden die einzelnen Schritte der Phase 1 durch.

Um Ihr Kind dazu zu bewegen, sofort und regelmäßig und unter Umständen zu festen Zeiten bestimmte Aufgaben zu erfüllen, steht neben der Beachtung der Ihnen bereits bekannten Verhaltensregeln der Phase 2 im Vordergrund, daß Sie zunächst sehr geduldig mit Ihrem Kind sein müssen, wenn es eine Tätigkeit neu lernt. Um etwas Neues zu lernen, braucht es Zeit. Haben Sie also Geduld, und loben Sie Ihr Kind immer wieder, wenn es sich bemüht. Hat Ihr Kind noch keine Schlaraffenland-Mentalität ausgebildet, können Sie innerhalb der Phase 2 deshalb die Verhaltensregeln auf diese Weise zur Anwendung bringen. In diesem Fall geht es also nicht darum, im Imperativ mit Ihrem Kind zu sprechen und dabei einen strengen Ton zu verwenden. Der Schwerpunkt sollte auf einem sanften und liebenswürdigen Umgang mit dem Kind liegen. Doch dort, wo Sie den Eindruck haben, daß Ihr Kind sich absichtlich ungeschickt anstellt, sich aus Bequemlichkeit oder aus der Vortäuschung falscher Behauptungen heraus verweigert, setzen Sie die Verhaltensregeln wie gewohnt konsequent und streng um. Denn in solchen Fällen geht es Ihrem Kind nur darum, seine Bequemlichkeitshaltung mit allen Mitteln zu verteidigen. Das müssen Sie sich als Mutter nicht gefallen lassen.

In der Phase 3 werden Sie sich wahrscheinlich vor allem mit dem Gedanken auseinanderzusetzen haben, daß Sie Ihr Kind überfordern oder es in seiner Entwicklung beschneiden bzw. schädigen. Rufen Sie sich ins Gedächtnis zurück, daß es für Ihr Kind wichtig ist, soziale Verhaltensweisen zu erlernen und darauf basierend eine aktive Liebesfähigkeit zu entwickeln. Gehen Sie auch hier die einzelnen Schritte der Phase 3 durch, und füllen Sie sorgfältig und regelmäßig das Spaltenschema aus.

Der Mythos vom seelisch zerbrechlichen Kind

»Ich darf mein Kind keiner Belastung aussetzen!«

Mißbrauchssituationen

Der neunjährige Sven räumt sein Zimmer nicht auf. Es befindet sich regelmäßig in einem katastrophalen Zustand. Überall liegen Legosteine herum. Kisten sind ausgekippt. Die Bettdekke liegt mitten im Zimmer. Malstifte, Papierschnipsel liegen verstreut auf dem Boden. Da Sven sich entschieden weigert, sein Zimmer aufzuräumen, ist es schließlich seine Mutter, die diese Aufgabe für ihn übernimmt.

Seit er siebeneinhalb Jahre alt ist, räumt er sein Zimmer nicht mehr auf. Davor gab es diesbezüglich keine Probleme. Die Mutter versucht seitdem, ihn immer wieder davon zu überzeugen, daß es wichtig ist, sein Zimmer in Ordnung zu halten und dafür Verantwortung zu übernehmen. Svens Reaktionen sind im großen und ganzen immer die gleichen. Er nickt, wenn seine Mutter ihm die Bedeutung des Zimmeraufräumens erklärt, und verspricht, sein Zimmer aufzuräumen. Vorher müsse er allerdings noch zu Ende spielen; er hätte jetzt keine Zeit; er fange gleich damit an. Doch dann geschieht nichts. Jedesmal, wenn ihn seine Mutter daran erinnert, jetzt endlich mit dem Aufräumen zu beginnen, vertröstet er sie wieder auf später und wird zunehmend wütender darüber, daß sie ihn »stört«. Oft fällt Sven bei dieser Gelegenheit auch ein, daß er noch Hausaufgaben zu machen hat. Er wird auch plötzlich »müde« oder muß dringend eine Zeichentrickserie im Fernsehen sehen oder mit seinem Supernintendo spielen. Wenn ihm seine Mutter zu sehr auf die Nerven geht, argumentiert er mit seinem Freund Jonas, der sein Zimmer auch nicht aufräumen müsse; dies erledige dessen Mutter für ihn. Obwohl Svens Mutter weiß, daß dies nicht stimmt, führt Sven das Argument häufig an. Sie versucht, es zu entkräften. Doch Sven läßt sich nicht beirren und beharrt darauf, daß dem so sei. Gelegentlich sagt er seiner Mutter auch, daß er noch ein Kind sei und deshalb nicht aufräumen müsse. Immer wieder geht seine Mutter auf seine Argumente ein und will ihn davon überzeugen, daß er im Unrecht ist. Vergeblich.

Eine Zeitlang hat sie versucht, ihm zu erklären, daß er nicht alle seine Spielsachen in seinem Zimmer verstreuen soll, sondern sich nur die Spielsachen aus seinen Kisten nehmen soll, die er auch wirklich zum Spielen braucht. Sven erklärt ihr, daß er alle seine Spielsachen benötigen würde. Resigniert gibt Svens Mutter dann auf.

Darüber verzweifelt, daß letztlich immer sie es ist, die Svens Zimmer aufräumt, beschließt sie, ihn zu bestrafen. Sie verbietet ihm, fernzusehen oder mit seinem Supernintendo zu spielen, wenn er nicht vorher sein Zimmer aufgeräumt hat. Sven zeigt sich davon wenig beeindruckt. Statt dessen belagert er seine Mutter ständig, macht ihr Vorwürfe, daß sie so gemein zu ihm sei, ihn nicht lieb hätte, andere Kinder auch fernsehen und mit ihren Supernintendos spielen dürften. Svens Mutter bemüht sich, seine Behauptungen zu widerlegen und ihm ihr Verhalten zu erklären. Es entwickeln sich endlose Diskussionen, an deren Ende meist die Niederlage der Mutter steht. Sie hebt ihr Verbot auf.

Die Mutter räumt wie gewohnt – genervt und gestreßt – Svens Zimmer auf, und der darf – glücklich und zufrieden – fernsehen oder mit seinem Supernintendo spielen.

Kinder sind wahre Meister, wenn es darum geht, sich vor der Erledigung ihrer Aufgaben zu drücken. Sie verteidigen ihr Revier mit allen Mitteln, die ihnen zur Verfügung stehen. Sobald sie bemerken, daß ihre Mütter keine anderen Mittel haben als ihre Überzeugungskraft und ihren Appell an die Einsichtsfähigkeit des Kindes, brauchen sie nur »auf stur zu schalten«, um in der Auseinandersetzung mit der Mutter letztlich Sieger zu bleiben. Des weiteren schlagen sie ihre Mütter mit deren eigenen Waffen. Sie »drehen den Spieß einfach um« und beginnen nun ihrerseits zu argumentieren. Dabei folgen sie ihrer eigenen, ihnen passenden Logik, die mit den Tatsachen wenig zu tun hat, und sind dabei von vornherein kaum oder überhaupt nicht bereit, ihre Meinungen zu verändern bzw. in Frage zu stellen. Im Laufe der Zeit lernen sie, immer geschickter zu argumentieren. Hinter den Argumenten der Mutter spüren sie förmlich ihre Schwäche, ihre Unsicherheit, ihre Verzweiflung, ihre Ungeduld, ihre Genervtheit und Ratlosigkeit – und nutzen es geschickt zu ihrem Vorteil aus.

Warum reagieren viele Mütter so hilflos; warum fühlen sie sich so wehrlos, wenn es darum geht, ihre eigenen Überzeugungen und Interessen gegenüber ihren Kindern durchzusetzen?

Sie glauben häufig, daß die einzige Möglichkeit, Kinder zu erziehen, darin besteht, sie von ihren erzieherischen Maßnahmen mit Argumenten zu überzeugen, und hoffen dabei auf deren Einsichtsfähigkeit. Doch in der Regel scheitern sie kläglich damit. Denn die Einsichtsfähigkeit des Kindes wird von seiner Unlust blockiert, den Anordnungen der Mutter zu gehorchen.

An die Einsichtsfähigkeit eines Menschen zu appellieren ist eine Methode, die selbst unter Erwachsenen nicht immer von Erfolg gekrönt ist. Doch für Kinder ist es die denkbar ungeeignetste. Sie sind keine Erwachsenen. Sie sind Kinder. Und Kinder sprechen zunächst eine ganz andere Sprache. Diese Sprache bezieht sich zusammengefaßt auf ein einziges Ziel, das sie haben: »Wozu ich keine Lust habe, daß mache ich auch nicht!« Alle Überzeugungskraft, jeder Appell scheitert an diesem verinnerlichten und unausgesprochenen Ziel des Kindes. Denn dieses Ziel will das Kind erreichen und verfolgt es mit einer sturen Beharrlichkeit, die – wenn überhaupt – nur von der geduldigen Beharrlichkeit und Durchsetzungsstärke der Mutter übertroffen werden kann.

Doch Mütter setzen diese Fähigkeiten – ihre Beharrlichkeit und ihre Durchsetzungsfähigkeit – nicht ein bzw. bilden sie überhaupt nicht erst aus.

Es ist unter anderem der Einfluß des eher dubiosen Mythos von der seelischen Zerbrechlichkeit des Kindes, der sie daran hindert. Dubios ist dieser Mythos deshalb, weil er nur schwer in Worte zu fassen ist. Er beinhaltet die schlecht greifbare Scheu davor, das eigene Kind so lange unter Druck zu setzen und zu bestimmten Handlungen zu zwingen, bis es eine ihm aufgetragene Aufgabe erfüllt hat. Der Mythos enthält die Annahme, daß eine mit dem Kind geführte Auseinandersetzung, die mit Zwang endet, das Kind unter Streß setzt und somit »Leid« auslöst. Keine Mutter will, daß ihr Kind leidet – in welcher Form auch immer. Hinzu kommt, daß Mütter der Auffassung sind, Streß und »Leid« seien für die gesunde und positive psychische Entwicklung des Kindes abträglich und damit zu verurteilen. Sie befürchten, daß Streß und »Leid« die Auslösung von irgendwelchen psychischen Akut- oder Spätschäden zur Folge haben könnten. Welche psychischen Akut- oder Spätschäden dies sein könnten, können Mütter jedoch nicht sagen. Sie ziehen sich auf allgemeine Formulierungen zurück wie z.B., daß psychische Belastungen ihren Kindern Schaden zufügen.

Diese dubiose Angst, dem Kind durch konsequentes und konfrontatives Verhalten einen psychischen Kurzzeit- oder

Langzeitschaden zuzufügen, führt letztlich dazu, daß sie Mütter daran hindert, massiv gegen die Schlaraffenland-Mentalität ihrer Kinder anzugehen. Statt dessen versuchen sie, ihre Kinder zu schonen und mit ihnen zu argumentieren bzw. zu diskutieren. Wenigstens hier meinen sie sicher zu sein, ihren Kindern keinen Schaden zuzufügen. Denn wenn ein Kind seiner Mutter aus Einsicht Folge leistet, entwickelt es keine Streßsymptome und tut das, was man ihm sagt, freiwillig.

Greift diese Vorgehensweise nicht, ist das Repertoire der Mutter meistens schon erschöpft, und sie kann nur resignieren und geschehen lassen, was sich vor ihren Augen abspielt bzw. nicht abspielt.

Doch verkennen Mütter die kindliche Psyche, wenn sie auf die Macht ihrer Überzeugungskraft setzen und nicht auf die Macht ihres Durchsetzungswillens. Auf diese Weise läßt sich kein Kind erziehen. Auf diese Weise erzieht das Kind seine Mutter. Es erzieht sie zu einer unwilligen, aber dennoch im Sinne des Kindes gut funktionierenden Sklavin.

Die Mutter grenzt hierbei ihre Macht, die sie gegenüber dem Kind hätte – »freiwillig«, d.h. auf Druck ihrer Überzeugung im Sinne des hier besprochenen Mythos – ein. Damit übergibt sie jedoch die freiwillig reduzierte Macht – selbst wenn es nicht in ihrer Absicht liegt – automatisch an ihr Kind. Die Mutter macht sich selbst machtlos, indem sie das Kind als gleichwertigen Diskussionspartner betrachtet, der, wenn er sich nicht überzeugen läßt, eben nicht zu überzeugen ist. Mit der Folge, daß beide »Partner« nicht einfach auseinandergehen, sondern die Mutter immer die Verliererin ist und erledigt, was eigentlich das Kind erledigen müßte. Freiwillig reduzierte Macht gegenüber einem anderen Menschen – und dies betrifft nicht nur den Umgang mit einem Kind, sondern auch den mit einem Erwachsenen – führt nur in den seltensten Fällen dazu, daß sich nun zwei annähernd gleichwertige und aufeinander Rücksicht nehmende Partner gegenüberstehen. Es führt im allgemeinen eher dazu, daß der eine die Macht des anderen nimmt und sie nun gegen den anderen einsetzt. Kinder, die Macht erhalten – weil sie die Schwäche der Mutter spüren –, sind von dieser Geste freiwilligen Verzichts der Mutter wenig berührt und reagieren weder dankbar noch einsichtsvoll. Im Gegenteil, sie nehmen die Macht an und setzen sie skrupellos gegenüber der Mutter ein. Das Kind reflektiert sein Verhalten nicht, weil es aufgrund seiner geistigen Voraussetzungen noch nicht dazu in der Lage ist. Und später, wenn es älter ist, wird es auch nicht damit beginnen, seine Macht zu reflektieren, weil sie dann schon selbstverständlich für den Jugendlichen und Erwachsenen geworden ist.

Mütter geben Macht ab, weil sie ihre Kinder ohne Druck und Zwang erziehen wollen. Die Folge einer solchen Haltung ist immer, daß sich Kinder nun schrankenlos entwickeln können und buchstäblich »machen, was sie wollen«. Sie setzen ihre Bedürfnisse und Interessen rücksichtslos durch und üben selbst – allerdings gnadenlosen – Zwang und Druck auf ihre Mütter aus. Dieser Zwang und Druck ist die Präsenz ihres auf ein Ziel hin gerichteten Willens: »Was ich will, hat zu geschehen!« Sie empfinden dabei keinerlei schlechtes Gewissen, daß es jetzt ihre Mutter ist, die den »Dreck«, den sie machen, hinter ihnen herräumt. Eher teilnahmslos und gleichgültig, sehen sie zu und später weg, wenn ihre Mütter ihre Aufgaben für sie erledigen und freuen sich darüber, sich voll und ganz ihren Vergnügungen hingeben zu können. Kinder sind im allgemeinen eben nicht über Einsicht, über Verständnis oder das Führen von Diskussionen dahingehend zu erziehen, auf die eigene Familie, insbesondere auf die Mutter, Rücksicht zu nehmen. Wenn sie sich schon im Kindergarten und in der Schule zusammennehmen und die Bedürfnisse und Wünsche anderer Kinder und Erwachsener bei ihren Handlungen mit berücksichtigen müssen, wollen sie wenigstens zu Hause tun und lassen, was sie wollen.

Die auf diese Weise langsam herausgebildete Schlaraffenland-Mentalität führt zum Mißbrauch der Mütter in der Art, daß Kinder die freiwillig gewählte Wehrlosigkeit der Mütter für ihre Zwecke ausnutzen. Was kann ihnen schon anderes passieren, als daß die Mutter Drohungen ausstößt, die nie realisiert werden oder die durch geschickte Argumentation und durch das einfache Zur-Last-Fallen der Mutter wieder aufgehoben werden können.

Der aus dem Kapitel »Die Entwicklung der Schlaraffenland-Mentalität« bereits bekannte zehnjährige Kersten hat an seinem Geburtstag ein Kaninchen samt Käfig von seiner Mutter geschenkt bekommen. Er mußte ihr jedoch versprechen, sich um das Tier allein zu kümmern. Das bedeutete für Kersten konkret, dem Kaninchen täglich Futter und Wasser zu geben, mit ihm ausgiebig zu spielen, den Käfig sauber machen und das Futter vom Supermarkt zu besorgen. In der ersten Woche hält Kersten die Vereinbarung ein. Doch schon in der zweiten Woche wird er nachlässig. Seine Mutter muß ihn daran erinnern, den Käfig sauberzumachen. Dabei stellt ihr Sohn sich sehr ungeschickt an und macht im Badezimmer viel Dreck, den die Mutter beseitigen muß. Bald vergißt er jedoch, den Käfig zu reinigen, so daß schließlich die Mutter diese Aufgabe übernimmt. Auch das Futter besorgt sie mittlerweile. Ständig muß sie ihn daran erinnern, dem Kaninchen Futter und Wasser zu geben und mit ihm zu spielen.

Schließlich droht sie ihm, das Tier samt Käfig abzugeben, wenn Kersten sich nicht wieder regelmäßig darum kümmert. Ihre Drohung löst bei ihrem Sohn keinerlei Reaktion aus. An seinem Verhalten ändert sich nichts. Die Mutter setzt ihre Drohung nicht in die Tat um.

Es ist – wie am Eingangsbeispiel deutlich geworden – sinnlos, an die Einsichtsfähigkeit und das Verständnis von Sven und Kersten zu appellieren. Sie sind nicht bereit, ihre Einsichtsfähigkeit zu benutzen, da sie ihnen keinen Vorteil bringt. Da sie wissen, daß ihre Mütter ihre Drohungen nicht wahr machen oder wieder davon abzubringen sind, lassen sie diese Drohungen vollkommen kalt. **Die Angst vor der seelischen Zerbrechlichkeit des Kindes, das, mit Druck und Zwang konfrontiert, Streßsymptome und »Leid« entwikkelt und daran psychischen Schaden nimmt, lähmt die Mutter in ihrem Verhalten und ihrer pädagogischen Kompetenz.**

Mütter müssen sich jedoch klarmachen, daß ein Kind niemals ein gleichberechtigter Partner in der Mutter-Kind-Beziehung ist, auch dann nicht, wenn sie sich danach sehnen. Im besten Fall werden Kinder es im Laufe der Zeit. Aber auch nur dann, wenn sie vorher gelernt haben, ihre eigenen Bedürfnisse nicht auf Kosten der Mutter auszuleben und wenn sie in der Lage sind, zugunsten der Mutter Verzicht zu üben und damit aktiv liebesfähig zu werden.

Haben sie dies nicht gelernt, helfen weder Appelle an ihre Einsichtsfähigkeit noch das beste Argumentationsgeschick. Wenn Kinder könnten, wie sie wollten, würden sie sich rund um die Uhr bedienen und verwöhnen lassen. Dies ist aus der Sicht der Schlaraffenlandkinder ein schöner – weil bequemer – Zustand. Doch führt dieser bequeme Zustand nur dazu, daß das Kind in seiner psychischen Entwicklung stagniert. Es entwickelt sich nicht weiter und baut nur seine Schlaraffenland-Mentalität weiter aus (siehe dazu: Die Auswirkungen der Schlaraffenland-Erziehung).

Kein Kind zerbricht seelisch an der Konfrontation mit einer unangenehmen Situation und auch nicht an der konsequenten Reaktion der Mutter. Kein Kind nimmt Schaden an Druck und Zwang, wenn es sich dabei von seiner Mutter grundsätzlich geliebt und angenommen weiß. Druck und Zwang sind legitime Mittel in der Erziehung, wenn es darum geht, daß Kinder nicht auf Kosten anderer Menschen ihren Willen durchsetzen.

Eine Konfrontation und erfahrene Konsequenz, die es beide aushalten und innerlich verarbeiten muß, haben hingegen einen positiven Effekt auf die psychische Entwicklung des Kindes. Denn nur dann entwickelt sich ein Kind weiter, wenn es unmittelbar spürt, mit seinem bisherigen Verhalten an eine Grenze gestoßen zu sein. Es kann sich nur mit einer Situation bewußt auseinandersetzen, wenn es auf Widerstand stößt. Dann kann es damit beginnen, über das Vorgefallene nachzudenken, es auf seine kindliche Weise zu reflektieren und zu versuchen, ein anderes Verhalten als bisher zu zeigen.

Betrachten wir unter diesem Blickwinkel noch einmal die Fallbeispiele von Sven und Kersten.

Die Mütter von Sven und Kersten wollen ihren Söhnen die angedrohten Konsequenzen ersparen. Sie möchten nicht, daß ihre Kinder sich »aufregen«, daß sie in Wut geraten, enttäuscht sein und sich unter Druck gesetzt fühlen könnten, weinen oder sich verzweifelt fühlen müssen. Sie wollen die harmonische Welt ihrer Kinder durch Druck und Zwang bzw. konsequentes Handeln ihrerseits nicht gefährden. Natürlich wollen sie auch nicht, daß ihre Kinder von ihnen denken, daß sie sie nicht mehr liebhaben, wenn sie sich ihnen gegenüber konsequent verhalten. Sie wollen ihren Kindern das Bild von der grenzenlos liebenden Mutter erhalten, obwohl Kinder hierbei mehr der Vorteil interessiert, den sie aus dem grenzenlos liebenden Verhalten ihrer Mütter ziehen.

Die Drohungen der Mütter von Sven und Kersten haben deshalb auch nicht zum Ziel, praktisch umgesetzt zu werden, sondern sollen die Kinder nur erschrecken. Doch so dumm sind Kinder nicht, daß sie sich von derartigen Drohungen schrecken lassen. Dafür kennen sie ihre Mütter viel zu gut.

Was würde aber geschehen, wenn die Mutter von Kersten ihre Drohung wahr machen würde? Natürlich würde Kersten bitten und betteln, daß das Kaninchen nicht abgegeben wird. Er würde alles versprechen, damit es nicht geschieht. Aber selbst dann, wenn die Mutter ihrem Sohn eine Frist setzen würde – was sie fairerweise tun sollte –, käme aller Wahrscheinlichkeit nach, spätestens nach Ablauf der Frist, die alte Gleichgültigkeit gegenüber der Versorgung des Kaninchens wieder zum Vorschein. Für das Kind ist es viel zu lästig, diese Verantwortung dauerhaft zu übernehmen. Alles begänne wieder von vorne.

Nehmen wir an, daß die Mütter von Sven und Kersten ihre ausgesprochenen Drohungen konsequent umsetzen. Beide Kinder werden aufgrund der Vorgehensweise ihrer Mütter massiv unter Druck gesetzt. Beide haben verschiedene Möglichkeiten, um auf die konsequenten Haltungen ihrer Mütter zu reagieren. Sie können verzweifelt sein, weil sie merken, daß es ist ihnen nicht mehr wie bisher möglich ist, ihren Willen einseitig durchzusetzen. Sie können weinen, beleidigt sein, wütend werden, schreien und toben, Drohungen und Beleidigungen ausstoßen. Kersten und Sven werden Streß empfinden. Doch dieses Empfinden von Streß und »Leid« ist die einzige Möglichkeit, in ihnen so etwas wie eine sinnvolle Betroffenheit zu erzeugen. Die sprachlichen Aufforderungen ihrer Mütter haben sie gleichgültig entgegengenommen. Jetzt, wo sie unmittelbar durch das Handeln ihrer Mütter betroffen sind, haben sie überhaupt erst die Gelegenheit, sich mit ihrem bisherigen Verhalten auseinanderzusetzen. Sven und Kersten lernen, daß in den hier beschriebenen aber auch in anderen Alltagssituationen nur dann auf sie Rücksicht genommen wird, wenn sie ihrerseits bereit sind, auch auf andere Rücksicht zu nehmen. Zum möglicherweise ersten Mal würden Sven und Kersten mit dem konfrontiert werden, was in jeder engen zwischenmenschlichen Beziehung unvermeidlich und lebensnotwendig ist, nämlich sich mit seinem Nächsten arrangieren zu müssen und ihn nicht für seine Zwecke einseitig mißbrauchen zu können. Sie müßten ihr kindliches Konzept des Zusammenlebens mit der Mutter verändern, weil ihr bisheriges Verhalten nicht mehr geduldet würde. Nur wenn die Mutter auf die Einhaltung ihrer Forderungen dringt, lernt ein Kind, für sein Leben Verantwortung zu tragen, Rücksicht zu nehmen, Verzicht zu üben und Disziplin zu entwikkeln. Letzteres ermöglicht, daß das Kind nicht nur aus seinen momentanen Stimmungen heraus Tätigkeiten verrichtet, sondern dies regelmäßig tut. Dazu muß es von seiner Mutter beständig angehalten werden, bis die jeweilige Tätigkeit für das Kind zu einer Gewohnheit geworden ist. Einem Kind kann immer wieder gesagt werden, daß es Verantwortung für sich zu übernehmen und bestimmte Tätigkeiten auszuführen hat. Woher soll es jedoch wissen, daß das Übernehmen von Verantwortung wichtig ist, wenn es nicht immer wieder konkret dazu angehalten wird? Nur da, wo sie ständig auf ihr egoistisches Verhalten aufmerksam gemacht werden und es nicht geduldet wird, können Kinder ein Verständnis dafür herausbilden, was egoistisches Handeln bedeutet, und ein Gefühl dafür entwickeln, was es heißt, sich sozial zu verhalten. Dem Kind Einschränkungen in seinem Verhalten aufzuerlegen, ihm etwas wegzunehmen, auf Verzicht zu dringen und Respekt einzufordern sind legitime Maßnahmen, wenn es um das Zusammenleben zwischen Menschen geht, wo niemand zuungunsten des anderen benachteiligt werden darf. Dies alles hilft dem Kind, sich mit der Welt konstruktiv auseinanderzusetzen. Es steigert seine Fähigkeit, sich über sich selbst und seine Stellung in dieser Welt klarer zu werden.

Wird Kersten durch die Abgabe des Kaninchens und Sven durch das konsequente Handeln seiner Mutter einen seelischen Schaden nehmen? Werden sie in ihrer psychischen Entwicklung behindert? Nein! Dies wird auf keinen Fall geschehen. Statt dessen hat es – wie bereits ausgeführt – einen positiven Effekt auf die psychische Entwicklung des Kindes.

Doch wie gehen Kinder mit Forderungen und Konsequenzen um, wenn sie davon betroffen sind und sich ihnen nicht mehr entziehen können?

Zunächst einmal werden sie wütend werden, weil da jemand ist, der sich ihrem Willen widersetzt. Sie werden nun ihrerseits versuchen, Druck auszuüben. Sie werden toben, schreien. Nützt dies alles nichts, werden sie an das »Mutterherz« appellieren und weinen, bitten, betteln und nötigenfalls Versprechungen machen. Die Reihenfolge ist hierbei nicht entscheidend. Es kommt auf das jeweilige Kind an, wie es reagieren wird.

Ein sehr extremes Beispiel für die Angst der Mutter ihrem Kind ein »Leid« zuzufügen, zeigt folgende Geschichte. Eine junge Mutter hatte es sich angewöhnt, ihrem Säugling den eigenen Zeigefinger in den Mund zu stecken, wenn dieser schrie. Worauf sich das Baby sehr schnell wieder beruhigte. Mit mittlerweile anderthalb Jahren steckt der Zeigefinger der Mutter aber immer noch im Mund des Kindes, während sie durch die Wohnung geht. Wenn die Mutter ihren Finger aus dem Mund ihres Sohnes herausziehen will, fängt ihr Kind an zu toben und zu schreien. Mehrere Male hat es die Mutter auch schon in den Finger gebissen, als sie ihn aus dem Mund des Kindes herausziehen wollte. Auf die Frage, warum sie ihren Finger überhaupt noch in den Mund ihres Kindes stecke, antwortete sie, daß sie nicht wolle, daß es ihrem Kind schlecht gehe. Sie wolle nicht, daß es verzweifelt ist. Er brauche den Finger noch. Sein Weinen könne sie nicht ertragen.

Der dramatische Augenblick, in dem das bisherige Verhalten bzw. Vergnügen des Kindes sein Ende findet, ist für das Kind ein äußerst unangenehmer Augenblick. Aber in der Regel ist es nur für den Moment betroffen. Kinder hängen den Verweigerungen, die sie von ihren Müttern erfahren, nicht allzulange nach. Sie lenken sich verhältnismäßig leicht ab und vergessen im wahrsten Sinne des Wortes das unangenehme Erlebnis sehr schnell. Schwieriger wird es natürlich, wenn sich ein Kind an ein bestimmtes Verhalten erst einmal gewöhnt hat. Je länger diese Gewöhnungsphase ist, um so schwieriger – aber nicht unmöglich – wird es, ihm dieses Verhalten wieder abzugewöhnen. Es bedarf in der Regel einer Reihe von solchen dramatischen Augenblicken, um das Kind von einem Verhalten zu entwöhnen. Die Mutter des anderthalbjährigen Jungen wird schließlich keine andere Wahl haben als die, ihren Sohn damit zu konfrontieren, daß ihr Zeigefinger nicht mehr in seinen Mund gehört.

Nur das ständige Verweigern, das Aussprechen von Verboten und auch durchgeführte Bestrafungen führen letztlich dazu, daß ein Kind begreift, daß es seinen Willen nicht mehr durchsetzen kann. Diese Erfahrung schadet ihm nicht. Es weiß sich hervorragend anzupassen. Erwachsene würden über einen Verlust, eine Bestrafung oder ein Verbot möglicherweise sehr lange nachdenken und daran leiden. Kinder leben jedoch in einer anderen geistigen Welt. Sie setzen sich mit Verlusten und Verboten noch nicht so auseinander wie ein Erwachsener. Was nicht machbar ist, ist eben nicht machbar. So denken Kinder, und sie haben – unabhängig von der Augenblicksbetroffenheit, die entsteht, wenn sie ihren Willen nicht durchsetzen können – keine Probleme damit.

Kinder empfinden den Druck, den sie von ihrer Mutter bekommen, nur kurzfristig als Druck. Die Gewöhnung an eine bestimmte Tätigkeit ist immer nur eine Frage der Zeit. Das Sich-waschen-Müssen, Sich-anziehen-Müssen, das Essen-Müssen, das rechtzeitige Aufstehen-Müssen, um pünktlich zur Schule zu kommen, sind alles Situationen gewesen, in denen das Kind zu etwas gezwungen und unter Druck gesetzt wurde. Geschadet haben sie ihm nicht.

Wenn Kinder in einer liebevollen Umgebung aufwachsen und sich der Liebe ihrer Mutter sicher sind, werden an sie gestellte Forderungen, Verbote, Zurechtweisungen, Beschneidungen ihres Handlungsspielraumes – trotz aller Augenblicksbetroffenheit und momentaner starker gefühlsmäßiger Ausbrüche – keinerlei negative Folgen für ihre psychische Entwicklung haben. Kinder nehmen auf Dauer nichts übel, sie verzeihen schnell und akzeptieren schließlich die konsequente Grundhaltung der Mutter. Sie sehen sie nicht als Ausdruck einer gegen sie gerichteten Unterdrückung und Feindseligkeit, sondern sie können diese Grundhaltung der Mutter intuitiv als Ausdruck ihrer Liebe für sie einordnen, auch wenn ihnen das Verhalten der Mutter nicht gefällt.

Es ist nicht leicht, sich vor sein Kind zu stellen, ihm etwas wegzunehmen, es zu bestrafen, eine angedrohte Konsequenz durchzuführen, wenn man noch der Überzeugung ist, daß Kinder derart kompromißloses Vorgehen nicht verkraften. Vielleicht lesen Sie sich diesen Abschnitt mehrmals durch, bevor Sie Ihr Verhalten konkret verändern wollen.

Versuchen Sie dann solche Situationen zu erkennen, in denen Sie der Meinung sind, daß Ihr Kind seelisch darunter leiden bzw. daran »zerbrechen« würde, wenn Sie auf der Einhaltung Ihrer Forderungen bestehen. Stellen Sie sich die Frage, ob es wirklich so ist. Erinnern Sie sich an Situationen, wo Sie konsequent waren! Sind Ihre Befürchtungen wirklich eingetroffen? Oder waren Sie überrascht, daß Ihre Befürchtungen nicht eingetroffen sind? Erinnern Sie sich an Ihre eigene Kindheit zurück! Haben Ihnen die Grenzen, die Ihre Eltern Ihnen gesetzt haben, geschadet, Sie zerbrochen?

Verfahren Sie des weiteren wie in der Phase 1 beschrieben.

Nehmen Sie sich vor, Ihrem Kind in bestimmten ausgewählten Situationen nicht nur Konsequenzen anzudrohen, sondern sie auch durchzuführen. Achten Sie hierbei ganz besonders darauf, sich nicht auf Diskussionen mit Ihrem Kind einzulassen. Machen Sie sich klar, daß Kinder dies als Schwäche und nicht als Hilfe auslegen werden. Solange Sie noch mit ihnen reden, rechnen sie sich nur Chancen aus, Sie letztlich doch noch zu besiegen und ihre Interessen durchsetzen zu können. In den meisten Fällen gelingt es ihnen dann auch. Unterbrechen Sie jeden Beginn einer Diskussion. Handeln Sie! Auch hier wird es nur eine Frage der Zeit sein, bis der hohe Aufwand, den Sie zur Veränderung des Verhaltens Ihres Kindes am Anfang investieren müssen, sich auszahlen wird. Gehen Sie ansonsten wie in Phase 2 beschrieben vor.

In Phase 3 ist es wichtig, sich deutlich zu machen, daß Sie Ihrem Kind keinen Schaden zufügen, wenn Sie es zu einer bestimmten Handlung zwingen, es unter Druck setzen. In dieser Phase stellen Sie sich – wie gewohnt – Ihren Befürchtungen, Ihren Ängsten und Sorgen. Reflektieren Sie sorgfältig Ihr Vorgehen, und füllen Sie regelmäßig und sofort nach ihrem konsequenten Vorgehen das Spaltenschema aus.

Der Mythos vom nicht ernstzunehmenden Kind

»Das hat mein Kind nicht so gemeint!«

Mißbrauchssituationen

Der neunjährige Carsten sitzt mit seiner Mutter am Frühstückstisch. Wie jeden Morgen macht sie ihm sein Frühstücksbrot. Sie schneidet das Brot in zwei Hälften, bestreicht es mit Margarine und legt eine Scheibe mit seiner Lieblingssalami darauf.

Carsten beobachtet seine Mutter dabei. Sie reicht ihm den Teller mit dem Brot.

»Das esse ich nicht!« sagt Carsten.

Die Mutter ist erstaunt. Sie will wissen, warum er das Brot nicht essen will.

»Ich esse kein Brot in zwei Hälften!«

Die Mutter von Carsten hat an diesem Morgen starke Kopfschmerzen. Daß es seiner Mutter nicht gutgeht, ist Carsten aufgefallen. Dennoch schüttelt er trotzig den Kopf.

»Das esse ich nicht!« sagt er böse.

»Mein Schatz, es tut mir leid. Ich habe nicht gewußt, daß du das Brot nicht in zwei Hälften haben willst. Beim nächsten Mal denke ich daran!« sagt die Mutter versöhnlich und reicht ihm den Teller zurück.

Carsten nimmt den Teller nicht an.

»Ich will ein Brot mit ganzer Scheibe haben!«

Die Mutter versucht es noch einmal.

»Ich verspreche dir, daß ich beim nächsten Mal daran denken werde! Es tut mir wirklich leid!«

»Ist mir egal! Ich will eine ganze Scheibe!«

»Bitte!«

»Nein!«

»Mach es mir doch bitte nicht so schwer, und iß das Brot! Ich habe fürchterliche Kopfschmerzen. Carsten, bitte!«

»Ich esse das nicht!«

Pause.

»Bitte, Carsten!«

»Nein!«

Sie macht ihm ein neues Brot. Carsten nimmt den Teller. Er bedankt sich nicht.

Liebevoll sieht die Mutter ihren Sohn an.

»Wie hast du geschlafen, mein Schatz« fragt sie ihn und streichelt seine Hand.

Stellen Sie sich vor, diese Begebenheit hätte sich mit Ihrem Ehemann abgespielt. Ganz abgesehen davon, daß Sie Ihrem Ehemann wahrscheinlich nur in Ausnahmefällen sein Butterbrot schmieren und er sich nicht wie ein kleiner Junge aufführen würde, hätten Sie in gleicher Weise wie in diesem Eingangsbeispiel reagiert? Wahrscheinlich nicht! Was hätten Sie gedacht, gefühlt, getan? Zunächst wäre Ihnen wohl der Gedanke gekommen, daß Ihr Mann an Ihnen seine schlechte Laune auslassen will. Das wäre wiederum ein Grund für Sie gewesen, auf ihn wütend zu werden. Vielleicht hätten sie gesagt, daß er sich sein Brötchen gefälligst selbst schmieren oder sich eine andere Verwendung dafür ausdenken könnte. Sie würden sich dieses Benehmen verbitten und ihn darauf aufmerksam machen, nicht seine Sklavin zu sein. Wahrscheinlich hätte Ihr Mann nie wieder gewagt, Sie noch einmal so zu behandeln. Ganz allgemein formuliert: Sie würden sich eine derartige Behandlung nicht gefallen lassen.

Die Mutter aus dem Eingangsbeispiel hat sich nicht zur

Wehr gesetzt. Auch wenn das obige Beispiel schon eine sehr extreme Variante von Rücksichtslosigkeit gegenüber den Gefühlen der Mutter darstellt, werden viele Mütter ihn ähnlicher Weise von ihren Kindern behandelt. **Täglich lassen sich Mütter von ihren Kindern beleidigen, demütigen, erniedrigen, verspotten und auslachen, ohne sich gegen diesen Terror hinreichend zu wehren. Warum handeln Mütter – und vor allen Dingen Mütter von Schlaraffenlandkindern – so? Warum lassen sie sich ein derart unverschämtes und demütigendes Verhalten bieten?**

Ich möchte im folgenden drei Gründe dafür anführen:

Der eine Grund, warum Mütter sich von ihren Kindern derart schlecht behandeln lassen, liegt in der Angst vor deren Reaktionsweisen. Betrachten wir hierzu das Eingangsbeispiel. Die kopfschmerzgeplagte Mutter will am Morgen keinen Streit mit ihrem Sohn provozieren. Sie möchte ihre Ruhe haben und die »Harmonie« des Morgens nicht gefährden. Sie weiß, daß es keinen Sinn macht und keine Wirkung zeigt, sich auf eine Konfrontation mit ihrem Kind einzulassen. Sie weiß aus Erfahrung, daß ihr Sohn dann nur noch bockiger, unverschämter und lauter reagieren wird, als sie es verkraften kann. Nur deswegen will sie nicht in den Ring der Auseinandersetzung steigen.

Hat die Mutter eine derartige Entscheidung erst einmal getroffen, hat sie vor ihrem Kind kapituliert und damit im weiteren Zusammenleben mit ihm bereits verloren. Sie scheut die Auseinandersetzung und verlegt sich auf Bitten und Betteln, ihr Kind möge ihr doch gehorchen bzw. wieder lieb sein. **Diese Schwäche – welche die Kinder natürlich spüren – verzeihen Schlaraffenlandkinder und im allgemeinen auch andere Kinder ihren Müttern nicht. Es gibt nichts Schlimmeres in einer Familie als ein Kind, das sich mächtiger fühlt als die Mutter bzw. die Eltern. Es kann mit die-**

ser Macht noch nicht umgehen. Es mißbraucht sie regelmäßig zur Unterdrückung der Mutter und zur Abfuhr seiner Launen. Im Gefühl ihrer Macht schlagen solche Kinder häufig rücksichtslos und oft auch grausam zu, sobald man ihnen die Möglichkeit dazu bietet. Dies zeigt sich besonders in solchen Situationen, wo die Mutter – aus welchen Gründen auch immer – körperlich und/oder geistig so geschwächt ist, daß das Kind spürt, in diesen Augenblicken die mächtigere Person zu sein.

Ein mir bekannter zehnjähriger Junge, der mit seinen Wutanfällen und Beschimpfungen die eigene Mutter geradezu aus der Wohnung trieb, gestand mir freimütig, daß ihm sein Verhalten Spaß mache und er dann endlich allein in der Wohnung sein könne.

Die Angst der Mütter vor Auseinandersetzungen führt hingegen nie zu einer Verbesserung der bestehenden Problematik, sondern immer nur zu ihrer Verschlimmerung.

Ein weiterer Grund für die defensive Verhaltensweise der Mütter liegt in ihrer Vorstellung von der Mutterliebe (siehe dazu: Der Mythos von der grenzenlosen Mutterliebe). Handeln sie nach dem Grundsatz, alles ertragen und dulden zu müssen, bleibt ihnen keine andere Möglichkeit, als wie im Eingangsbeispiel beschrieben zu reagieren. Glauben sie zusätzlich daran, daß ihr Kind an einer Konfrontation seelisch zerbrechen würde (siehe dazu: Der Mythos vom seelisch zerbrechlichen Kind), wird das defensive Verhalten der Mütter dadurch endgültig besiegelt.

Der dritte Grund beinhaltet die Vorstellung, daß man sein Kind bei dem, was es sagt und tut, nicht ernst zu nehmen braucht. »Es ist doch noch ein Kind«, wird dann oft argumentiert. Diese Einstellung führt automatisch dazu, daß Mütter sich nur halbherzig gegenüber ihren Kindern zur Wehr setzen oder deren Verhalten mehr oder weniger ignorieren.

Eine Mutter beklagte sich bei mir, daß ihr Kind sie als »dumme Sau« und als »dreckige Hure« beschimpfe. Ich fragte sie, wie sie denn üblicherweise auf solche Beleidigungen reagieren würde? Sie gab an, ihrem Kind zu erklären, daß man so etwas nicht sagt. Ich fragte sie weiter, in welchem Ton sie dabei mit ihrem Kind spräche. Es stellte sich heraus, daß dies in einem weinerlichen, beleidigten und bittenden Ton geschah. Sowohl der von ihr formulierte Satz wie auch der Ton, in dem sie sprach, konnte zu keiner Veränderung der Situation führen, da Kinder auf derartige – weiche – Reaktionen in der Regel nicht reagieren. Im Gegenteil.

Eine andere Mutter reagierte auf die wüsten Beschimpfungen ihrer Tochter nur mit einem leichten Lächeln, Kopfschütteln oder Weghören.

Viele Mütter leben in dem Glauben, daß allein die Tatsache, es mit einem Kind zu tun zu haben, alles rechtfertigt, was es sagt und wie es handelt. Mütter beruhigen sich dann mit dem Gedanken, daß ihre Kinder eine Beleidigung oder Demütigung nicht so gemeint haben. Sie denken, daß ihre Kinder nicht wirklich wissen, was sie da sagen oder tun, weil sie ja noch so klein und »unerfahren« sind. Doch dies ist ein Irrtum. Wenn ein Kind seine Mutter beleidigt oder demütigt, weiß es genau, was es damit bewirkt. Es kennt den Unterschied zwischen einer Beleidigung und einem Kompliment ganz genau.

Wenn ein Kind seine Mutter wie im Eingangsbeispiel durch sein Verhalten quält, weiß es, daß es die Mutter quält. Es ist nicht unschuldig an dem, was es sagt und tut. Ein Kind, das in den Kindergarten kommt, mag manche Schimpfworte, die es dort hört, einfach nur nachplappern. Aber trotzdem weiß es, daß es keine angenehmen Worte sind. So macht es mit der Zeit die Erfahrung, daß man mit der Benutzung solcher Schimpfworte sich über eine Person negativ äußert, was dieser

Person alles andere als gefällt. Selbst wenn es zunächst noch nicht weiß, was beispielsweise die Beschimpfung »alte Sau« für einen Menschen bedeutet, spürt es intuitiv, daß es damit jemanden verletzt. Und spätestens dann, wenn es selbst von einem anderen Kind beleidigt wird und dabei die Reaktion der Betroffenheit zeigt, weiß es, was es heißt, beschimpft worden zu sein.

Kinder selbst können sehr empfindlich sein, wenn man sie beleidigt. Dann können sie beispielsweise mit dem Erwachsenen, der sie beleidigt oder einfach nur zurechtgewiesen hat, im Extremfall tagelang nicht sprechen. Zum einen handelt es sich um eine bewußte Bestrafung des Erwachsenen, denn das Kind weiß, daß seine Reaktion für den Erwachsenen, insbesondere aber für seine Mutter, nur schwer auszuhalten ist. Zum anderen zeigt es mit dieser Reaktion, daß es sich beleidigt fühlt.

Die Gründe, warum ein Kind seine Mutter beleidigt, quält, demütigt, sind schnell genannt. Die harmlosere Version ist die, daß es erfahren will, wie weit es im Umgang mit seiner Mutter gehen kann. Es will seine Grenzen austesten, sagt man. Natürlich will es das. Denn alles, was dem Kind nicht verwehrt wird, probiert es aus.

Ein weiterer, recht simpler, allerdings sehr zutreffender Grund besteht darin, daß sich ein Kind auf diese Weise abreagiert. Dieser Grund bezieht sich auf die momentanen Stimmungen, die ein Kind entwickelt: Es hat sich über irgend etwas geärgert (eine Person, einen Fehler, den es begangen hat, ein Spielzeug, das es nicht bekommen hat etc.), es hat einfach schlechte Laune, ohne dafür einen besonderen Grund zu haben, es hat schlecht geschlafen, es soll eine bestimmte Tätigkeit verrichten oder Aufgabe erfüllen und wehrt sich einfach dagegen. Manchmal will es auch nur böse sein, weil es ihm Spaß bereitet, böse zu sein.

Es tut nichts anderes, als seinen momentanen Gefühlen Ausdruck zu geben. Je jünger das Kind ist, um so elementarer ist der Ausdruck seiner Gefühle. Es weint, es schreit, es schimpft, es tobt, es wirft sich auf den Boden – was im übrigen auch ältere Schlaraffenlandkinder durchaus noch tun. Je älter sie werden und je mehr sie lernen, mit ihren Gefühlen umzugehen, desto mehr entwickeln sie andere Methoden, ihrer Übellaunigkeit Ausdruck zu geben.

Im Eingangsbeispiel ist die Vorgehensweise von Carsten schon wesentlich raffinierter als simples Toben, Schreien oder Verweigern des Gehorsams. Die Übellaunigkeit oder Wut wird nicht mehr direkt als Gefühlsausbruch gezeigt, sondern über das Butterbrot ausgetragen. Carsten gelingt es, seine Mutter in eine zunehmende Verzweiflung hineinzutreiben, und er genießt es. Denn er hat in diesen Momenten die Macht über sie. Sie ist wie eine Marionette in den Händen des Jungen, an deren Fäden er zieht. Zu guter Letzt wird er auch noch für sein Verhalten belohnt, indem sich die Mutter danach erkundigt, wie gut ihr Sohn geschlafen hat. Daß Carsten keinen Grund hat, über sein Verhalten jemals nachzudenken und es in Frage zu stellen, liegt auf der Hand. Er wird sich auch zukünftig ähnlich verhalten.

Lösungsstrategien

Als Mutter haben Sie die Wahl, sich von ihrem Kind alles bieten und gefallen zu lassen, gelegentlich vehement dagegen aufzutreten, sich manchmal halbherzig zu wehren oder konsequent daran zu arbeiten, daß Ihr Kind Sie zunehmend und später dauerhaft mit Respekt behandelt.

Die Frage ist, was Sie sich in erster Linie als Mensch und in zweiter Linie als Mutter wert sind. Sind Sie dazu verdammt, alles zu ertragen und zu erdulden, oder sind Sie willens, sich dort gegenüber Ihrem Kind durchzusetzen und zu behaupten, wo es angebracht und notwendig ist?

Entscheiden Sie sich für die letzte Möglichkeit, steht Ihnen unter Umständen ein langer und beschwerlicher Weg bevor. Doch das Ziel ist erstrebenswert, wenn sein Erreichen bedeutet, daß Ihr Kind von nun an lernt, Sie als einen Menschen und nicht als eine Sklavin oder Dienstmagd zu behandeln, die beleidigt und gedemütigt werden kann, wann immer das Kind es für richtig hält.

Machen Sie sich deutlich, daß Sie auf Dauer keine Chance haben, wenn Sie sich nicht vehement und ständig gegen die beleidigenden Äußerungen und demütigenden Verhaltensweisen ihrer Kinder zur Wehr setzen. Diese Vehemenz und Beständigkeit ist notwendig, um Ihrem Kind eine Lernchance zu bieten, die ihm ermöglicht zu erkennen, wann es die Grenze im Umgang mit Ihnen überschritten hat. **Nur wenn Ihr Kind die Erfahrung macht, daß es an Ihre ganz persönlichen Grenzen gestoßen ist, kann es damit beginnen, sein bisheriges Sagen und Tun in Frage zu stellen.**

Öffnen wir unseren Kindern jede Tür, d.h. lassen wir sie ausprobieren und dann tun, was immer sie wollen und nehmen es als natürlichen Ausdruck der kindlichen Entwicklung hin, so »züchten« wir nichts anderes als das heran, was man abfällig, doch durchaus zutreffend als »kleine Terroristen«, »Tyrannen« oder »Egoisten« bezeichnen muß. Entschuldigen wir jegliches Sagen und Tun der Kinder, eröffnen wir ihnen Möglichkeiten, die im Zusammenleben mit Menschen alles andere als sinnvoll sind.

So hart es im ersten Augenblick auch klingen mag: Es gibt viele Momente im Zusammenleben zwischen Mutter und Kind, wo sich die Mutter vor ihrem Kind schützen muß. Solange eine Mutter ihrem Kind gegenüber nicht

deutlich sagt und zeigt: »Bis hierhin und nicht weiter!«, ist sie ihm früher oder später ausgeliefert.

Diese Momente des Sich-schützen-Müssens reduzieren sich, wenn das Kind begreift, daß ihm bestimmte Türen verschlossen sind und es vergeblich dagegen anrennt. Dieser Selbst-Schutz der Mütter muß immer dann einsetzen, wenn sie von ihren Kindern – hoffentlich nur verbal – angegriffen werden. Dieser Schutz darf nicht defensiv sein. Er sollte auch nicht aggressiv sein, indem die Mutter mit Toben, Schreien und Schlagen reagiert. Er muß offensiv sein. Denn mit dem Schutz, den Sie für sich aufbauen – indem Sie Ihr Kind vehement in seine Schranken weisen –, ist für das Kind gleichzeitig eine Lernchance verbunden. In dem Augenblick, wo Sie offensiv werden, erfährt das Kind überhaupt erst, daß es an eine Grenze gestoßen ist. Dies ist immer der Moment, wo ein Mensch – unabhängig davon, ob er erwachsen oder ein Kind ist – weiß oder spürt, daß er auf einen Widerstand gestoßen ist. Ein Widerstand kann zum Nachdenken darüber anregen, ob ich in meinem bisherigen Verhalten zu weit gegangen bin oder mich entschließe, mich trotzdem in meinem Verhalten nicht beirren zu lassen.

Allerdings muß das Kind diesen Widerstand bemerken. Lächelt die Mutter, wenn ihr Kind sie beleidigt, reagiert sie nicht oder nur halbherzig, fühlt sich das Kind in seinem Verhalten eher bestärkt. Denn mit einer solchen Reaktionsweise wird ihm nicht gerade nahegelegt, sein bisheriges Verhalten zu ändern oder zu überprüfen. Die Mutter zu beleidigen und zu demütigen wird für das Kind zum Freizeitvergnügen.

Um entsprechend auf das Verhalten Ihres Kindes reagieren zu können, müssen Sie Ihr Kind ernst nehmen. Entschuldigen Sie sein Verhalten nicht, indem Sie sich glauben machen, es wisse noch nicht, was es sagt. Selbst wenn Ihr Kind es nicht wüßte, hat es ein Recht darauf zu erfahren, daß seine Äußerung oder seine Tat nicht Ihre Zustimmung gefunden hat und daß es damit zu weit gegangen ist.

Kinder sind in dem, was sie sagen und was sie tun, zu jedem Zeitpunkt ihrer Entwicklung ernst zu nehmen. Aber ein Kind wird denken, daß alles erlaubt ist, wenn seine Mutter ihm keine Anhaltspunkte dafür liefert, wann das Erlaubte in das Nicht-Erlaubte übergeht. Es kann auch kein Verständnis dafür ausbilden, wann die Grenze des Erträglichen für die Mutter erreicht ist. Erfährt es von der Mutter keinen Widerspruch und keinerlei Konsequenzen, muß es annehmen, sein Verhalten würde akzeptiert und toleriert.

So wird ein Kind, das in seinen Äußerungen und Verhaltensweisen nicht ernst genommen wird, auch seine Mutter nicht ernst nehmen können. Denn es weiß nicht, wann es ernst wird.

Die Mutter aus dem Eingangsbeispiel hat ihren Sohn in seinen Handlungen nicht ernst genommen. Sie wollte nicht sehen, daß ihr Sohn nichts anderes im Sinn hatte, als sie an diesem Morgen zu quälen und zu demütigen. Da die Mutter sich in ihren Empfindungen selbst nicht ernst genommen hat, nimmt auch der Sohn sie nicht ernst, weil die Situation für ihn in diesem Augenblick akzeptabel ist, da die Mutter sie toleriert und hinnimmt. Sie nimmt die Rolle der Gedemütigten an. **Wo die Mutter der Konfrontation und Zurechtweisung ausweicht, verliert sie an Boden. Wo sie an Boden verliert, rückt der andere nach und nimmt ihr Boden weg.**

Stellen Sie sich eine Mutter vor, die sich von ihrem Kind buchstäblich alles gefallen läßt. Sie läßt sich beleidigen, ständig ausnutzen, demütigen, unterdrücken. Aus den Einzelsituationen entwickeln sich Gewohnheiten, aus den Gewohnheiten entwickeln sich Persönlichkeitsrechte, die sich ein Kind kaum noch nehmen lassen wird. Die Mutter wird früher oder später zum Punchingball ihres Kindes werden. Es kann ungestraft seine jeweiligen Launen an der Mutter auslassen; sowohl als Kind als auch später als Jugendlicher.

Halten Sie sich folgendes vor Augen: Ihr Kind weiß, was es tut, wenn es Sie beleidigt. Aber es weiß nicht, wann es damit aufhören muß. Es kennt die Grenzen nicht, weil Sie diese nicht gezogen haben. So handelt es in der Überzeugung, das Verhalten seiner Mutter gegenüber sei in Ordnung.

Wenn Mütter damit beginnen, ihre Kinder ernst zu nehmen, wird es aber auch für sie gefährlich. Denn nimmt eine Mutter ihr Kind in seinen beleidigenden Äußerungen und demütigenden Verhaltensweisen ernst, muß sie sich selbst ernst nehmen. Was dazu führt, sich bewußt ihre Gefühle, die eine Handlung des Kindes in ihr ausgelöst hat, einzugestehen. Das kann Trauer sein, Wut, momentaner Haß, Verzweiflung, Enttäuschung. In dem Moment, in dem sie zu ihren Gefühlen steht, wird sie nicht mehr nach einer Entschuldigung für das Verhalten ihres Kindes suchen und/oder sie als Ausrede benutzen, ihr Kind nicht mit ihren verletzten Gefühlen zu konfrontieren. Konflikte sind dazu da, um ausgetragen zu werden; nicht um sie zu unausgetragen zu begraben. Das gilt für den Umgang der Erwachsenen untereinander, aber auch im Umgang der Mutter mit ihrem Kind. Denn nur so können Kinder Erfahrungen machen.

Nehmen Sie sich und Ihr Kind ernst. Dann können Sie ihm zeigen, was Sie fühlen, was Sie denken und was Sie von seiner Verhaltensweise für eine Meinung haben. Machen Sie Ihrem Kind deutlich, daß hier etwas geschehen ist, was hinzunehmen Sie nicht bereit sind. Geben Sie Ihrem Kind keine langwierigen Erklärungen (siehe dazu: Der Mythos vom seelisch zerbrechlichen Kind). Reagieren Sie kurz und unmißverständlich. Weisen Sie es zurecht! Verhalten Sie sich dabei so, wie Sie sich gegenüber einem Erwachsenen verhalten würden, der Sie beleidigt und gedemütigt hat. Hierbei gibt es kein unterschiedliches Verhalten. Denn eine Beleidigung und eine Demütigung von einem Erwachsenen und einem Kind hat immer nur ein einziges Ziel: Man will den anderen verletzen.

Keine Mutter muß sich gefallen lassen, sich von ihrem Kind als »dreckige Hure«, »alte Drecksau«, »Pimmellecker«, »Arschficker« etc. bezeichnen oder wie eine Sklavin behandeln zu lassen.

Gehen Sie im folgenden wiederum unter Verwendung des Drei-Phasen-Modells vor:

Machen Sie sich zunächst deutlich, daß Sie sich selbst und Ihr Kind ernst nehmen wollen. Erkennen Sie, daß Kinder Sie bewußt beleidigen und demütigen und es sich hierbei um keine zu entschuldigende oder nicht weiter zu beachtende Verhaltensweise handelt. Fassen Sie den Entschluß, sich von Ihrem Kind in Zukunft diesbezüglich nichts mehr gefallen zu lassen. Wichtig ist, daß Sie auf solche Situationen immer so und nicht anders reagieren, um unmißverständlich klarzumachen, daß Sie nicht bereit sind, sich ein beleidigendes und demütigendes Verhalten bieten zu lassen. Durchlaufen Sie ansonsten die einzelnen Schritte der Phase 1.

In der Phase 2 überlegen Sie sich genau, wie Sie sich Ihrem Kind gegenüber verhalten wollen. Beachten Sie dabei stets die Verhaltensregeln.

Sie haben dabei mehrere Möglichkeiten, auf das Verhalten Ihres Kindes zu reagieren.

Beleidigt oder demütigt Ihr Kind Sie zum ersten Mal, haben Sie noch alle Möglichkeiten, das beginnende Problem vor seiner Ausweitung zu stoppen.

Eine Mutter erzählte mir folgende Begebenheit. Ihr vierjähriger Sohn hatte sie ein »faules Schwein« genannt. Da die Mutter arbeitslos war und sehr darunter litt, brach sie daraufhin in Tränen aus. Ihr Sohn war von der Reaktion seiner Mutter so betroffen, daß er für lange Zeit keine derartigen Beleidigungen mehr ausstieß. Und als er es später doch tat, brauchte die Mutter nur traurig auszusehen, damit er sich sofort bei ihr entschuldigte. Die Mutter zeigte eine angemessene Reaktion auf die Beleidigungen ihres Sohnes. Sie zeigte ihre Betroffenheit. Was ihm ermöglichte, sein Verhalten als etwas zu verstehen, was einen Schmerz bei seiner Mutter auslöste. Nur auf diese Weise wurde ihm bewußt, daß er eine Grenze im Umgang mit seiner Mutter überschritten hatte. Von nun an wußte er, was bestimmte Worte bei anderen Menschen auslösen können. Dies ist wichtig. Das Zeigen von Betroffenheit ist kein Allheilmittel gegenüber den Beleidigungen von Kindern. Aber es ist der erste Schritt auf dem richtigen Weg.

Ist Ihr Kind im Beleidigen und Demütigen bereits geübt, nützt solches Verhalten allerdings nichts mehr. Auch wenn sich Ihr Kind in einem gesteigerten Zustand der Wut befindet, reicht eine einfache, wenn auch in aller Schärfe vorgetragene Zurechtweisung oft nicht aus, um ihm zu zeigen, daß es zu weit gegangen ist. In einem solchen Fall drohen Sie Ihrem Kind eine Konsequenz an, wenn es sich nicht sofort entschuldigt, wie z.B. Fernsehverbot, Verbot einer Lieblingsbeschäftigung. Schicken Sie Ihr Kind unabhängig von einer Bestrafung auf sein Zimmer. Begleiten Sie es notfalls dorthin, und fordern Sie es mit strenger Stimme dazu auf, das Zimmer nicht zu verlassen. Sie müssen sich das, was Ihr Kind Ihnen »an den Kopf wirft«, nicht anhören. Machen Sie Ihrem Kind unmißverständlich klar, daß Sie es für eine Weile nicht mehr sehen wollen.

Klären Sie in der Phase 3 – wie mittlerweile gewohnt – Ihre Befürchtungen, Ängste und Einstellungen im Umgang mit Ihrem Kind ab.

DRITTER TEIL

Der Blick in die Zukunft

Die verborgenen Fähigkeiten unserer Kinder

Vor ungefähr zwanzig Jahren lief im deutschen Fernsehen ein amerikanischer Western. Die Besetzung der Hauptrolle ist mir nicht mehr in Erinnerung. Es könnte ein Film mit Errol Flynn gewesen sein. Der Inhalt ist mir jedoch im Gedächtnis geblieben.

Der Film erzählt die Geschichte eines etwa zehnjährigen Jungen, Sohn einer sehr vermögenden Familie. Er hat einen eigenen Butler, der ihm seine Wünsche stets erfüllen muß. Er bekommt, was er will. Niemand wagt es, ihm zu widersprechen. Auf einer Eisenbahnfahrt kommt es zu einem Streit zwischen dem Jungen und einer Begleitperson. Aus Wut und Enttäuschung, daß er seinen Willen nicht durchsetzen kann, springt er aus dem fahrenden Zug.

Er wird von einem Cowboy gefunden, der ihn zu einem Viehtreck bringt. Der Junge befiehlt den Männern des Trecks, ihn sofort nach Hause zu bringen. Aber der Cowboy, der den Jungen gefunden hat, teilt ihm mit, daß dies nicht möglich ist und ihm nichts anderes übrig bleibt, als sich dem Treck anzuschließen, bis der sein Ziel erreicht hat. Der Junge protestiert. Er droht. Er befiehlt. Schließlich bleibt ihm nichts anderes übrig, als sich der neuen Situation anzupassen. Doch verlangt er, daß man ihn ausschlafen läßt, ihm das Frühstück bringt und die Männer auch ansonsten auf seine Wünsche und Bedürfnisse Rücksicht zu nehmen haben. Man lacht ihn aus. Der Cowboy, der für ihn verantwortlich ist, weist ihm einige leichte Arbeiten zu. Der Junge weigert sich. Die Folge ist, daß er nichts zu essen bekommt, solange er sich nicht an die Regeln des Zusammenlebens zwischen den Cowboys hält (»Keine Arbeit, kein Essen!«).

Nach anfänglichen Schwierigkeiten muß der Junge einsehen, daß er mit seinem Verhalten nichts bei den Männern ausrichten kann. Langsam beginnt er, sich in die Gemeinschaft einzufügen. Zwischen dem Cowboy und dem Jungen entwickelt sich eine Freundschaft. Der Junge empfindet zunehmend Stolz bei der Arbeit, die ihm zugeteilt wird. Die anderen Cowboys beginnen ihn zu akzeptieren. Er wird Teil der Gemeinschaft und fühlt sich im Kreis dieser Männer zunehmend wohl.

Als er schließlich wieder nach Hause kommt, hat er sich verändert. Er ist nicht mehr der hochnäsige und verwöhnte Junge, der er einmal war. Der Film endet damit, daß der Junge und der Cowboy sich als Freunde trennen.

Obwohl der Film nur eine erfundene Geschichte erzählt, die mit einem typischen Happy-End ausklingt, zeigt sie doch auf, was im Zusammenleben mit Kindern immer wieder zu beobachten ist.

Die Art und Weise des Umgangs mit einem Kind bestimmt, wie sich ein Kind entwickelt. Verändern sich die Voraussetzungen – die Rahmenbedingungen der Erziehung –, verändert sich auch das Kind. Es paßt sich den jeweiligen Voraussetzungen früher oder später an. Ein Kind, das die Erfahrung macht, daß seinem Willen keine Grenzen gesetzt sind, wird mit der Zeit eine Schlaraffenland-Mentalität entwickeln. Ein Kind, das die Erfahrung macht, daß im Zusammenleben zwischen Menschen gewisse Regeln zu befolgen sind, die eingehalten werden müssen, wird mit der Zeit eine soziale Mentalität entwickeln.

Im folgenden möchte ich beide Mentalitäten gegenüberstellen und noch einmal zusammenfassend auf die Gefahren der Schlaraffenland-Mentalität und auf die Bedeutung der Entwicklung einer sozialen Mentalität hinweisen.

Schlaraffenlandkinder – aber nicht nur sie – nutzen jede Schwäche ihrer Mutter für ihre Zwecke aus, um daraus einen Vorteil für sich zu ziehen. Sie folgen dem blinden Streben nach »Gewinnmaximierung« ihrer Lust und ihrer Interessen. Neben allen positiven Aspekten, die sich im Zusammenleben zwischen Mutter und Schlaraffenlandkind dabei auch sonst noch ergeben, ist dies ihr vordringlichstes, weil für sie natürlichstes und erstrebenswertestes Ziel. Die Bedürfnisse der Mutter haben für das Schlaraffenlandkind – wenn überhaupt – nur unwesentliche und untergeordnete Bedeutung. Die Mutter ist für das Schlaraffenlandkind immer nur die Erfüllerin ihrer Wünsche. Gesten der Zuneigung mögen sich einstellen, haben aber mit aktiver Liebesfähigkeit nichts zu tun. Teilnahmslos und gleichgültig sehen Schlaraffenlandkinder zu, wie ihre Mütter sich für sie aufopfern, und ebenso teilnahmslos und gleichgültig sehen sie weg, wenn ihre Mütter leiden. Sie nutzen die gezeigten Schwächen ihrer Mütter zunächst intuitiv und im Laufe ihrer fortschreitenden kognitiven Entwicklung bewußt aus, um ihre Bedürfnisse und Interessen rücksichtslos auf Kosten der Mütter durchzusetzen. Sie sind nicht bereit, freiwillig und dauerhaft etwas anderes anzustreben als ihre eigene Bedürfnisbefriedigung, selbst dann nicht, wenn sie die Fähigkeiten dazu besitzen. Sie wissen dabei genau, was sie tun. Sie suchen sich aus ihrem Umfeld die Person bzw. Personen heraus – in der Regel ist es die Mutter –, mit der sie machen können, was sie wollen.

Dieses Bild vom Kind widerspricht dem gängigen Klischee vom prinzipiell unschuldigen, reinen und harmlosen Kind. Doch Kinder sind nicht von Natur aus sozial und entwickeln sich auch nicht aus sich selbst heraus zu sozialen Wesen. Sie müssen von ihren Müttern (und Vätern) bewußt dazu erzogen werden. Egoismus wie Gemeinsinn, Faulheit wie Fleiß, Bequemlichkeit wie Disziplin sind Eigenschaften, die nur im Laufe der Erziehung erworben werden können.

Die Existenz von Schlaraffenlandkindern zeigt, daß Kinder, die nicht zu sozialen Verhaltensweisen erzogen werden, sich zu Egoisten entwickeln. Wird diesem Egoismus nicht etwas anderes gegenübergestellt, wird er mit der Zeit zur alleinigen Triebfeder des menschlichen Handelns einer Person werden.

Menschen kommen mit einer elementaren Fähigkeit zur Welt, die für sie überlebenswichtig ist: Zuwendung in jeglicher Form bedingungslos einzufordern. Diese natürliche Egozentrik sichert dem Säugling sein körperliches und geistiges Überleben. Diese natürliche Egozentrik ist zunächst grenzenlos. Die Grenzen müssen von den Eltern gesetzt werden.

Eine weitere in diesem Zusammenhang wichtige Fähigkeit ist die des Lernens. Kinder lernen ununterbrochen. Sie eignen sich die Welt aktiv an. Ganz gleich, ob die Mutter ihr Kind bewußt erzieht oder es sich grenzenlos entwickeln kann, es wird daraus etwas lernen. Doch um etwas lernen zu können, muß es einen Anschluß finden, auf dem sich sein Lernen aufbaut. Dieser Anschlußpunkt, der gleichzeitig der Ausgangspunkt seines Lebens ist – nämlich Zuwendung um jeden Preis einzufordern –, ist sein Wille zum Überleben. Auf der Grundlage seiner natürlichen Egozentrik entwickelt sich das Kind weiter, wenn es nicht rechtzeitig gestoppt wird. Wird es nicht gestoppt, entwickelt es sich zu einem rücksichtslosen Egoisten. Es sammelt dabei alle Erfahrungen, die es in seinem bisherigen Verhalten bestärken – wie die Schwäche der Mutter – und bildet dementsprechende Gewohnheiten aus. Die Schlaraffenland-Mentalität entwickelt sich.

Wie bereits gesagt, kann diese Entwicklung nur durch eine konsequente Erziehung aufgehalten werden. Freiwillig entwickelt sich jedoch kein Kind zu einem sozialen Wesen. Die Mutter muß ständig darauf achten und darauf drängen, daß ihr Kind Rücksicht nimmt, Hilfsbereitschaft ausbildet, Respekt, Verzicht und Disziplin übt. Das Mittel dazu ist nicht primär die Einsichtsfähigkeit des Kindes, sondern die Durchsetzung der Anordnungen der Mutter.

Die Fähigkeit zur Unabhängigkeit, zur Selbständigkeit, zur aktiven Liebe, zu Respekt und Hilfsbereitschaft ist zunächst nur über die konsequente Verweigerungshaltung der Mutter erreichbar, nichts für das Kind zu erledigen, was es nicht auch selbst erledigen könnte. Es geht nicht darum, daß Mütter ihre Macht gegenüber ihren Kindern reduzieren, sondern darum, sie sinnvoll einzusetzen.

Wenn ein Kind die Erfahrung macht, daß sich seine Mutter unter keinen Umständen ausnutzen läßt, wird sich aus dieser Erfahrung eine Gewohnheitshaltung entwickeln, und es werden sich die gerade genannten Fähigkeiten ausbilden.

Die Egozentrik ist die Grundausstattung des Kindes, wenn es auf die Welt kommt. Sein egoistisches Verhalten ist Ausdruck von Erziehung bzw. Nichterziehung. Auf sich allein gestellt, wird es zum Egoisten. Mütter überlassen ihre Kinder sich selbst, wenn sie der Entwicklung zur egoistischen Grundhaltung nicht entschieden entgegentreten.

Schlaraffenlandkinder sind einsame Kinder. Sie sind keine glücklichen Kinder. Sie erhalten ihre Glücksgefühle nur über den Reiz des Neuen. Doch diese Glücksgefühle sind nur Augenblicksempfindungen, die schon bald wieder von Langeweile und Gleichgültigkeit abgelöst werden. Also brauchen sie immer neuer Glücksgefühle – die nur Ablenkung von Langeweile und Gleichgültigkeit sind –, indem sie immer neue Spielsachen, noch mehr Aufmerksamkeit und noch mehr an Unterwerfung der Mutter einfordern. Über die Gier nach Konsum, über ihren Egoismus, über ihre Tyrannei, die sie ihren Müttern gegenüber an den Tag legen, erfahren sie jedoch nichts über sich selbst als Mensch und in welchem Verhältnis sie zu den Menschen stehen, die sie umgeben.

Der Mensch ist – trotz seiner heutigen Vereinzelung – ein Gemeinschaftswesen. Er lebt in, aus und von der Gemeinschaft, die zunächst für das Kind die eigene Familie ist. Im gegenseitigen Aufeinander-Rücksicht-Nehmen wird es zum sozialen Wesen. Dies zeigt sich nicht nur am Beispiel des in diesem Kapitel erwähnten Films, sondern auch in der Erfahrung mit noch funktionierenden Großfamilien. Hier sind Kinder Teil einer Familie, die von ihnen nicht beherrscht wird.

Kinder, die eine soziale Mentalität ausbilden, sind glückliche Kinder. Sie erfahren ihren persönlichen Wert darüber, daß sie sich aktiv in ihre Familie einbringen, was sicherlich nicht immer nur freiwillig geschieht. Das Kind muß dazu angehalten werden, sich regelmäßig in die Gemeinschaft einzufügen. Mit der Zeit empfinden Kinder dieses Sich-Einbringen-Müssen jedoch als eine positive Gewohnheit, die ihnen zeigt, wo sie innerhalb dieser Gemeinschaft stehen. Sie selbst leisten Beiträge zum Erhalt und zum Funktionieren dieser Gemeinschaft. Hierüber erfahren sie, wer sie sind. Nur im regelmäßigen Erleben der eigenen Fähigkeiten, im Erfahren des Lobes, der Bewunderung, des Stolzes durch die Mutter erkennt ein Kind, daß es Teil einer Gemeinschaft ist; einer Gemeinschaft, in der Menschen füreinander da sind.

Ein Kind, das regelmäßig seiner Mutter im Haushalt hilft, das seine festen Aufgaben hat, das so selbständig wie nur eben möglich Verantwortung für seine Handlungen übernimmt, macht die Erfahrung, aktiver Teil seiner Familie zu sein. Der Stolz dazuzugehören, Teil der Gemeinschaft zu sein und mit dazu beizutragen, auch weiterhin Teil der Gemeinschaft zu bleiben, kann für das Kind durch keine andere Erfahrung ersetzt werden. Das Verhältnis zwischen Mutter und Kind entspannt sich auf diese Weise und wird von gegenseitigem Respekt getragen sein. Auch dies spürt das Kind und genießt die Achtung, die ihm die Mutter entgegenbringt.

Ein aktiver Austausch dieser Art wirkt sich ebenfalls auf die Entwicklung der Liebesfähigkeit bei Kindern aus. Ein Kind, das erfährt, mit seinen regelmäßigen Handlungen Freude und Entlastung für andere zu bereiten, das den Stolz und die Anerkennung der Mutter und des Vaters verspürt, wird früher oder später das entwickeln, was ich als die Fähigkeit zu aktiver Liebe bezeichnet habe. Das Kind lernt zu geben. Es lernt, aktiv zu lieben, und diese aktive Liebesfähigkeit wird zum Teil seiner Persönlichkeit werden.

Das Schlaraffenlandkind aber steht außerhalb der Gemeinschaft, es ist nie wirklich Teil der Familie, weil es immer über ihr thront. Es beobachtet, wie andere sich mühen, und irgendwann beobachtet es auch das nicht mehr, weil es kein Interesse daran hat zu sehen, wie andere sich anstrengen müssen. Alle Fähigkeiten, die das soziale Potential des Kindes zum Entzünden bringen könnten, sind verschüttet. Einem Schlaraffenlandkind wird auch keine wirkliche Achtung entgegengebracht. Nicht einmal von der eigenen Mutter, so sehr sie auch versucht, dies vor dem eigenen Kind und vor sich selbst zu verbergen. Denn wofür sollte ein Schlaraffenlandkind geachtet werden, wenn es sich nicht in die familiäre Gemeinschaft einbringt? Es ist da. Es läßt sich bedienen. Es stellt Forderungen. Es tyrannisiert. Es setzt seinen Willen durch. Kein wirklicher Ansatzpunkt ist vorhanden, der die Achtung des Schlaraffenlandkindes rechtfertigen würde.

Doch das Filmbeispiel macht Mut. Auch wenn es nur eine erfundene Geschichte ist, liegt sie nicht fern der Realität. Ändern sich die Rahmenbedingungen der Erziehung und werden dadurch neue Regeln des Zusammenlebens aufgestellt, wird sich das Kind schließlich an sie anpassen. Es wird sich an sie gewöhnen. Kinder sind sehr flexibel. Was sich in der Familie bereits dann zeigt, wenn sie sich ihrem Vater anders als ihrer Mutter gegenüber verhalten oder im Umgang mit Freunden anders als zu Hause. Dort, wo Türen verschlossen sind und sie vergeblich dagegen anrennen, wenden sie sich anderen Türen zu, die ihnen offen stehen oder die ihnen geöffnet werden. Je nach den Bedingungen, die sie dort vorfinden, gestalten sie ihr Leben.

Müttern unterläuft leicht der Fehler zu glauben, daß vereinzelt gezeigte soziale Verhaltensweisen ein Zeichen dafür sind, daß Kinder sich nun zu sozialen Wesen entwickeln. Doch haben einzelne Aktionen, wie ab und zu für die Mutter etwas einzukaufen, gelegentlich den Müll zu entsorgen, das eigene Zimmer manchmal aufzuräumen oder phasenweise lieb zu sein für Kinder nicht die Bedeutung, die Mütter nur allzugerne in ihnen sehen würden. Sie sind Ausdruck einer vorübergehenden Stimmung beim Kind. Es spielt soziales Verhalten. Aber es darf kein Spiel bleiben, also kein Zeichen von Beliebigkeit und kein Zeichen der bloßen Abhängigkeit von Stimmungen. Alles, was Kinder nur kurzfristig tun, hat keinen Wert, wenn sie es nicht langfristig, d.h. regelmäßig tun. Mütter sollten ihren Kindern beibringen, daß nur in der Regelmäßigkeit ihrer Handlungen ein Wert liegt. Dies schadet weder ihrer seelischen Entwicklung, noch grenzt es sie wesentlich in ihrer Freizeit ein.

Kinder dürfen des weiteren nicht geschont werden, wenn es darum geht, ihre soziales Potential zu entwickeln. Sie müssen lernen, sich auseinanderzusetzen. Selbst wenn es ihnen schwerfällt, das »Nein« der Mutter zu akzeptieren, müssen sie es lernen. Dem Kind bloß »Leid« ersparen zu wollen läuft darauf hinaus, es daran zu hindern, Erfahrungen zu machen. Es muß seine individuellen Lösungen finden, mit Trauer umzugehen, mit Enttäuschungen, Verweigerungen, Druck und

Zwang. Das alles bringt Kinder nicht um. Es läßt sie sich entwickeln. Ansonsten wird es weiterhin auf sich konzentriert bleiben. **Ein Leben ohne Rückschläge, Konfrontationen, Verzicht und Enttäuschungen ist ein Leben, aus dem man nichts lernt und in dem man sich nicht weiterentwickeln kann, sondern nur stagniert.** Der Schonraum einer solchen »unbeschwerten« Kindheit macht einen Menschen auf Dauer unfähig, mit den irgendwann mit Sicherheit eintretenden Belastungen des Lebens fertig zu werden. Sie haben keine Möglichkeiten gelernt, wie sie eintretende Belastungen geistig verarbeiten und schließlich lösen können. Sie haben nur gelernt zu fordern, daß andere ihre Probleme lösen. Schlaraffenlandkinder entwickeln sich nicht weiter. Sie stagnieren in ihrer Entwicklung. Sie wollen bleiben, was und wie sie sind – auf Kosten ihrer Mütter.

Der Abschied vom Schlaraffenland

Die Macht, das Schlaraffenland zu verabschieden, es abzuschaffen bzw. es überhaupt nicht erst entstehen zu lassen, liegt vor allem in den Händen der Mütter. Doch Mütter haben ein eher problematisches Verhältnis zur Macht. Sie schämen sich oft ihrer geistigen und körperlichen Überlegenheit, die sie stärker als ihre Kinder sein läßt. Sie glauben, daß diese Überlegenheit ein ungerechtfertigter Vorteil gegenüber ihren Kindern ist. Denn ein Kind, das man grenzenlos liebt, will man nicht beherrschen. Mütter wollen nicht einmal die Möglichkeit dazu haben. Vielmehr wollen sie gleichberechtigter Partner ihres Kindes sein. Am liebsten würden sie ihre reale und natürliche Macht vergessen, sie vollkommen aus ihrem Gedächtnis löschen und sich ganz dem Gefühl hingeben, daß Mutter und Kind gleich sind, mit den gleichen Rechten (allerdings ohne die gleichen Pflichten).

Mütter verabscheuen ihre Macht, weil sie die Ohnmacht ihrer Kinder um so deutlicher zutage treten läßt. Macht verdeutlicht immer ein Verhältnis von Über- und Unterordnung. Das schmerzt sie zutiefst. Mütter, die glauben, daß sie ihre Kinder nur dann wirklich lieben können, wenn sie auf ihre Macht verzichten – weil sie ein Schandfleck zu sein scheint, der jedes Liebesverhältnis trübt –, sind bestrebt, solche Macht weit von sich zu weisen.

Doch werden sie ständig daran erinnert, daß sie diese Macht eigentlich besitzen und prinzipiell versucht sein, sie anzuwenden; und manchmal handeln sie auch entsprechend, selbst dann, wenn sie es nicht wollen: in Augenblicken des Zorns, der Verzweiflung oder sogar des vorübergehenden Hasses. In diesen Momenten sind sie bereit, ihre Macht einzusetzen und sie durchzusetzen, ihr Kind zu bestrafen, ihm etwas zu verbieten, sich daran zu freuen, wie es ihre ganze Macht zu spüren bekommt. Und die Macht wird genau das Negative, das Mütter mit diesem Begriff assoziieren. Jetzt ist sie Mittel der Unterdrückung, der Unterwerfung, des rücksichtslosen Beugens eines Willens mittels der Überlegenheit des anderen. In diesem kurzen, kraftvollen und hochemotionalen Moment bricht die Ohnmacht und die Hilflosigkeit gegenüber dem eigenen Kind durch. Die als quälend empfundene Ohnmacht flackert zum machtvollen Eingreifen auf, um dann im Aufkommen des »schlechten Gewissens« wieder zu erlöschen. Die erneuten Anstrengungen der Mutter, sich nicht wieder so hinreißen zu lassen, führen dazu, noch kontrollierter als bisher auf die eigene Überlegenheit zu verzichten. Doch auch dies endet früher oder später in dem Empfinden, ohnmächtig gegenüber dem Kind zu sein, was sich wiederum in machtvollen Reaktionen, sich ihr Kind zu unterwerfen, äußert. Ein Teufelskreis, der sich nur schwer durchbrechen läßt.

Wenn Mütter ihre Macht abgeben, führt das zwangsläufig dazu, daß jemand diese abgegebene Macht nimmt. Das Kind nimmt diese Macht und benutzt sie für die eigenen Interessen und Bedürfnisse. Es kennt keine Skrupel, da ihm kein Widerstand (Macht) entgegengesetzt wird. Es spürt, daß es die Mutter unterdrücken, ausbeuten und unterwerfen kann. Es spürt ein Vakuum im Zusammenleben mit ihr, das sie nicht zu füllen bereit ist. Also füllt das Kind selbst dieses Vakuum. Es bedient sich der vor seinen Füßen liegenden Macht. Diese Macht hat es sich jedoch nicht erobert. Sie wird ihm aus Scham von der Mutter gewährt. So lebt es in und von der Illusion, mächtiger zu sein, als es in Wirklichkeit der Fall ist. Es weiß nichts davon, daß es eigentlich nur eine lächerliche Figur abgibt, weil seine Macht nur geliehen ist und darüber hinaus auch nur in einem fest umrissenen Bereich – der Familie – funktioniert. So mußte auch der Millionärssohn aus dem im letzten Kapitel erwähnten Film die Erfahrung machen, daß er, aus seinem gewohnten Lebensbereich herausgerissen, keinerlei Macht und Einfluß mehr besaß. Er resignierte hingegen nicht – wie Schlaraffenlandkinder in der Regel dazu prädestiniert sind –, sondern paßte sich an und lernte daraus.

Kinder, die nicht die Erfahrung machen, daß ihrem Verhalten Grenzen gesetzt sind, wachsen mit einem unrealistischen Bewußtsein auf und halten sich für Riesen, wo sie nur Zwerge sind.

Obwohl Mütter ein oft problematisches Verhältnis zur Macht haben, gibt es Felder im Zusammenleben mit dem Kind, wo sie ihre Macht akzeptieren und konsequent einsetzen: Beim Bestimmen der Schlafenszeit, wenn sie auf regelmäßiges Zähneputzen drängen, auf Sauberkeit, auf den Schulbesuch etc. In diesen Fällen ist der Begriff der Macht für Mütter positiv besetzt. Warum? Weil sie die Notwendigkeit und den Sinn dieser machtvollen Aktionen einsehen. Weil sie wissen, daß es für ihre Kinder – für deren weitere physische und psychische Entwicklung – gut und förderlich ist.

Die Ausübung von Überlegenheit oder Macht wird für Mütter erst dann schädlich und verdammenswert, wenn es um die Verletzung der Erziehungsmythen geht. Insbesondere bezieht sich dies auf die Ausübung und Durchsetzung der eigenen Interessen und Bedürfnisse gegenüber dem eigenen Kind. Denn sie sehen im Durchsetzen ihrer Interessen und Bedürfnisse keinen Vorteil, keinen Sinn für das Kind. Mütter denken häufig vom Kind aus (oder glauben es zumindest), nicht von sich aus. Doch sie sind nicht das Kind. Sie sind eine andere Person. Sie sind der nützliche Gegenpart zu ihrem Gegenüber, an dem dieses sich reiben soll und muß. Im Miteinanderleben zweier oder auch mehrerer Menschen gehört der gegenseitige Verzicht im Interesse des anderen zu den elementarsten zwischenmenschlichen Fähigkeiten.

Das Ausleben eigener Interessen – nicht im Sinne von Rücksichtslosigkeit – ist völlig normal und wichtig für die Lebensqualität eines jeden Menschen. Und – es ist sinnvoll und notwendig für die Entwicklung eines Kindes. Denn nur auf diese Weise geben Mütter ihren Kindern die Möglichkeit, am wirklichen Leben teilzunehmen und nicht an einer auf Dauer schädlichen und eingeschränkten familiären Illusion vom Leben. In der Begrenzung – nicht Aufhebung – des kindlichen Willens liegt ein Stück zu entdeckender Lebenserfahrung, die das Kind für sich nutzen kann. Indem die Mutter ihre eigenen Interessen nicht vernachlässigt, sie nicht opfert, sie nicht zurückstellt, dient sie nicht nur ihrem eigenen Interesse, sondern ebenfalls dem ihres Kindes: in der Erziehung zur aktiven Liebe.

Mütter, die ihre Kinder lieben, denken immer auch gleichzeitig an das Wohl ihres Kindes, wenn sie ihre eigenen Interessen und Bedürfnisse befriedigen. Sie vergessen ihre Kinder nicht. Sie benutzen ihre Macht – indem sie ihnen zeigen, das ihnen nicht grenzenlos alles gehört und sie auch Verzicht üben müssen – auf positive Weise.

Mütter haben mittels ihrer positiven Macht alle Möglichkeiten, ihren Kinder Türen zu öffnen und Türen zu verschließen, wie es im Eingangszitat dieses Buches heißt. Nur über den sinnvollen Einsatz ihrer Macht – und nicht in ihrer Verleugnung – kann es ihnen gelingen, die gröbsten Fehlentwicklungen ihrer Kinder im Sinne der Ausbildung einer Schlaraffenland-Mentalität zu verhindern. Die Präsenz ihrer positiven Macht hat auf das Kind hilfreiche Auswirkungen. Intuitiv spürt es, daß die Mutter ihre Macht nicht mißbraucht, wenn sie Dinge verbietet, Grenzen setzt, Konsequenzen zieht. Auf diese Weise wird die Mutter zu einer Orientierung für das

Kind, der Maßstab, an dem es sich und seine Fähigkeiten messen kann.

Diese positive Macht gehört in die Hände der Mütter. Sie dürfen nicht machtlos sein. Denn sonst machen sie ihre Kinder zu machtvollen Wesen, die mehr oder weniger alles bestimmen und in späteren Jahren zu machtlosen Wesen werden, weil ihre eingebildete Macht mit der Realität des Lebens nicht übereinstimmt.

Nur so ist ein Abschied vom Schlaraffenland zu verwirklichen.

Dieser Abschied vom Schlaraffenland ist dringend notwendig. Er ist nicht nur notwendig im Sinne der Verbesserung des Zusammenlebens zwischen Mutter und Kind bzw. der ganzen Familie, sondern auch im Hinblick auf die Gesellschaft.

Egoismus, Konsumorientierung, Passivität, die Unfähigkeit, tragbare Beziehungen einzugehen, überzogene Anspruchshaltungen, die Gleichgültigkeit gegenüber dem Leid anderer, die Überbewertung und Überschätzung der eigenen Person und der eigenen Fähigkeiten sind nur einige Faktoren, die unser heutiges Bild von der Gesellschaft prägen. Dieses Bild ist das Resultat einer Erziehungs(un)kultur, die aus Kindern Schlaraffenlandkinder, aus Jugendlichen und Erwachsenen Schlaraffendand-Geschädigte gemacht hat und macht.

Jede neue Generation von Kindern zeigt dabei die Tendenz, schlimmer als die vorhergehende zu werden. Kinder werden immer mehr vergöttert und in das Schlaraffenland entrückt. Die Mütter werden im Gegenzug im Umgang mit ihren Kindern immer wehrloser und machtloser. Das verhängnisvolle Zusammenwirken aller Mythen, die sich bis in das kleinste erzieherische Verhalten der Mütter auswirken, lähmt diese in ihren Möglichkeiten, dem Egoismus ihrer Kinder Einhalt zu gebieten.

Wann ist der Zeitpunkt gekommen, an dem unsere Gesellschaft aus solchen Menschen bestehen wird, bei denen die Schlaraffenland-Mentalität zu ihrem hervorstechendsten Persönlichkeitsmerkmal geworden ist? Wie würden wiederum solche Menschen ihre Kinder erziehen – falls sie sie überhaupt noch zeugen wollen –, wenn ihr eigener Egoismus total, ihre Beziehungsunfähigkeit unumkehrbar und ihre Anspruchshaltung unermeßlich geworden ist?

Wie lange wird es des weiteren dauern, bis die Fähigkeit des Menschen zur aktiven Liebe der Vergangenheit angehören wird? Oder ist diese Unfähigkeit bereits ein fester Bestandteil unserer Gesellschaft geworden? Ein jeder mag sich diese Fragen selbst beantworten.

Folgende abschließende Bemerkungen möchte ich allerdings an dieser Stelle noch einfügen.

Wir sind ohne Zweifel auf dem Weg in eine Schlaraffenland-Gesellschaft, in der Kinder elementare Fähigkeiten nicht mehr erlernen. Viele Kinder wissen überhaupt nicht mehr, wovon die Rede ist, wenn man von Disziplin, Konzentration, aktiver Liebe und damit verbunden von Verzicht, Rücksichtnahme und Respekt spricht. Egoisten treffen hier auf Egoisten, Schlaraffenlandkinder auf Schlaraffenlandkinder. Begegnungen zwischen Menschen erschöpfen sich in Oberflächlichkeiten, die sich nur am Äußerlichen, am Spaß- und Vergnügungseffekt orientieren.

Was ist zu tun?

Um eine humane Gesellschaft zu bleiben bzw. wieder zu werden, bedarf es einer Erziehung, die nicht im Kindergarten, nicht in der Schule, nicht im beruflichen Umfeld ansetzt, sondern zuallererst im elterlichen Umfeld. Die meiste Macht haben dabei die Mütter. Doch sie nehmen sie nicht wahr, weil sie von Mythen über Mutterliebe und Erziehung gefangen und durch sie befangen sind. Wenn es den Müttern jedoch gelingt, sich von dem Terror dieser Mythen zu befreien, und sie lernen, daß Kinder sich nicht wahllos und auf Kosten anderer – vor allem der Mütter – entfalten dürfen, kann der drohende bzw. eingetretene Verfall unserer Gesellschaft aufgehalten und mit der Zeit wieder umgekehrt werden.

Auf die Hilfe der Kinder ist dabei nicht zu rechnen. Sie haben andere Interessen als die, zu sozialen Wesen heranzureifen und freiwillig auf andere Rücksicht zu nehmen bzw. Verzicht zu üben, wenn es darauf ankommt. Kinder unterstützen die vorherrschenden Mythen instinktiv, weil sie ihnen Vorteile bringen. Sie verhalten sich so, daß sie permanent die Mythen zu bestätigen scheinen. Dies wiederum ist für die Mütter der Beweis dafür, daß Kinder genauso sind, wie in den Mythen beschrieben. Ein Teufelskreis, der sich bildet und sich weiterentwickelt. Aber Kinder sind nur deswegen so wehrlos, hilflos, abhängig und zerbrechlich und nicht ernst zu nehmen, weil Mütter sie nicht anders sehen können oder wollen, als wie in den Mythen beschrieben. Sähen sie ihre Kinder aus der Perspektive, wie sie hier in diesem Buch beschrieben ist, könnten sie einen ganz anderen Umgang mit ihnen entwickeln und sie damit anders erziehen. Sie könnten die Wurzeln für positive soziale Entwicklungen anstatt das Fundament für Egoismus und Bequemlichkeit in ihren Kindern legen.

Literaturverzeichnis:

Ariès, Philippe: Geschichte der Kindheit. dtv, 3. Aufl. 1980

Badinter, Elisabeth: Die Mutterliebe (Geschichte eines Gefühls vom 17. Jahrhundert bis heute). dtv, 1984

Dolto, Françoise: Kinder stark machen. Die ersten Lebensjahre. Beltz, 1997

Fellner, Uschi: Wir Rabenmütter (Kinder und Beruf. Wie viele Frauen es doch schaffen). Piper, 1994

Flitner, Andreas: Konrad, sprach die Frau Mama...(Über Erziehung und Nicht-Erziehung). Piper, 2. Aufl. 1986

Gergen, Kenneth J.: Das übersättigte Selbst (Identitätsprobleme im heutigen Leben). Carl-Auer, 1996

Heffner, Elaine: Die grundlegende Freiheit der Frau (Für eine neue Basis für die Beziehung zwischen Mutter und Kind). Steinhausen, 1980

Lassahn, Rudolf: Pädagogische Anthropologie. UTB, 1983

Litt, Theodor: Führen oder Wachsen lassen. Klett-Verlag, 1964

Kagan, Jerome: Die Natur des Kindes. Piper, 1984

Matthews, Gareth B.: Philosophische Gespräche mit Kindern. Freese, 2. Aufl. 1993

Matthews, Gareth B.: Die Philosophie der Kindheit (Wenn Kinder weiter denken als Erwachsene). Beltz Quadriga, 1995

Meinberg, Eckhard: Das Menschenbild der modernen Erziehungswissenschaft. Wiss. Buchgesellschaft, 1988

Mussen, P.M.; Conger, J.J. u.a.: Lehrbuch der Kinderpsychologie. Klett-Cotta, 2 Bände, Aufl. 1993

Oerter, Montada: Entwicklungspsychologie. Beltz Psychologie Verlags Union, 1987

Richter, Dieter: Zur Entstehung der Kindheitsbilder des bürgerlichen Zeitalters. S. Fischer, 1987

Stone, L. Joseph: Kindheit und Jugend (Einführung in die Entwicklungspsychologie). 2 Bände, dtv, 1978

Warum Huckleberry Finn nicht süchtig wurde

Wenn Huckleberry Finn nicht süchtig wurde, so deswegen, weil er sich die Zeit nahm, seine Sehnsüchte bereits als Kind konkret auszuleben. Anhand von Krankengeschichten werden die vielfältigen Momente sichtbar, die Sucht entstehen lassen, und es werden Möglichkeiten der Suchtvorbeugung genannt – eine spannende Lektüre und Hilfestellung zugleich .

»Der Autor hat eine Theorie, die so einleuchtend ist, daß wir sie alle schon zu kennen glauben. Er fordert für Kinder und Jugendliche Freiräume ohne krankmachende Normen, Regeln und Anpassungsdruck, in denen die Phantasiekräfte sich zu entfalten, Gemütskräfte sich zu entwickeln vermögen...Wer das Prinzip begriffen hat, hat schon beinahe alles begriffen. Im Grunde ist es ganz einfach. Der Rest ist Hilfestellung. Man muß sie nur zulassen. Ein auszuzeichnendes Buch.«
Basler Zeitung

Eckhard Schiffer

Warum Huckleberry Finn nicht süchtig wurde

Anstiftung gegen Sucht und Selbstzerstörung bei Kindern und Jugendlichen

6. Auflage. 152 Seiten. Illustrationen von A. Pey.
Broschur. ISBN 3-88679-812-7

BELTZ QUADRIGA

Kinder stark machen

Die Erziehung in den ersten Lebensjahren ist mitentscheidend für die Zukunft unserer Kinder. Ausgehend von ihrer Praxis als Psychoanalytikerin bringt Françoise Dolto in diesem Buch Alltags- und Erziehungsprobleme mit Kindern in ihren ersten Lebensjahren zur Sprache. Dabei stehen jene Entwicklungsschritte des Kindes im Vordergrund, die es erfolgreich bewältigen muß, um Selbständigkeit und innere Autonomie zu erreichen. Eine gelungene Bewältigung dieser Schritte (z.B. die Entwöhnung, das Sauberkeitstraining, die Motorik und soziale Beziehungen) macht unsere Kinder stark für alle Aufgaben, die das nachfolgende Leben stellt.

Françoise Dolto

Kinder stark machen

Die ersten Lebensjahre

Aus dem Französischen von S. und C. Koch

312 Seiten. Broschur.

ISBN 3-88679-85724-1

BELTZ QUADRIGA

Alltagsprobleme mit Kindern und Jugendlichen

Auf der Grundlage von Briefen besorgter Eltern beantwortet die bekannte französische Psychoanalytikerin Françoise Dolto Fragen zu beinahe allen Alltagsproblemen, die in der Erziehung von Kindern und Jugendlichen auftreten können. Ihr Buch, das in mehreren Auflagen erschienen ist, gilt heute als Standardwerk eines erfolgreichen Elternratgebers.

»Ein außergewöhnliches Buch, auch in der Art und Weise, wie Françoise Dolto die Themen angeht.« *Frauenfunk Hessischer Rundfunk*

»Ein Buch, das eine bedeutende Rolle bei der Vorbeugung krankmachender Kindheitserfahrungen spielen kann.« *Hamburger Morgenpost*

Françoise Dolto

Alltagsprobleme mit Kindern und Jugendlichen

Die ersten fünf Jahre

Wenn die Kinder älter werden

Aus dem Französischen von Sylvia Koch

608 Seiten. Gebunden. ISBN 3-88679-207-2